比起
說
再見，

我們
更擅長
想念

P's

推薦序

曾經無所畏懼的青春和愛情

你好嗎？

過了那麼多年，我偶爾還是會想起他。

那個他，曾經佔據我的身心靈，陪我在每個找不到出口的書本堆裡，給我一絲最明亮的光線。循著光，用盡力氣去相信的力量。我以為這就是人生裡最無法撼動的愛情，我以為我們是受到滋養的花，有了陽光、水、時間，就能發芽、開花、綻放，直到我們的世界重組。那像是被鎖在記憶裡的聲音，耳機裡的歌手青春永駐，而那時候的我對愛情無所畏懼。

回憶起CD隨身聽盛行，音樂產業大鳴大放的黃金時代，圓盤狀的隨身聽，透過耳膜震動而產生的幻想，帶我去不同國家飛翔。隨著音樂裡的甜蜜悲傷，我胡思亂想、流淚、害怕失去，但我有了你，怎麼還會對未來感到害怕？

後來我們沒有變成偶像劇裡的男孩女孩，沒有成為我們的父母，更沒有組成我們一直渴望的家，我們甚至連手都沒有牽起，這份不算愛情的關係輕輕悄悄隨著畢業日子拉長而漸漸褪色，我的世界也因為音樂產業改變，刺激腦內與體內而產生了巨大變化。

那天的雨打在臉上，直到現在仍可清晰看見自己的浪漫與狼狽，耳機裡不停重複播放希望與你一起分享的歌，多年後竟也免疫了。

偶爾還是會想起你，渴望得到你的消息，我仰賴著網路的搜尋，想著就算找到一點蛛絲馬跡也好，我想知道你好不好。

或許是老天的安排，我再也沒有你的消息，也可能那天的大雨早就注定我們會消失在彼此的世界裡。

我已經不是當時穿著制服等你從補習班下課的女孩了，而記憶中的男孩卻一直存在。

現在的你，過得好嗎？

歌手、自由創作者／小球（莊鵑瑛）

作者序

愛，是我們共同的血型

也許，我們都快要記不得是從什麼時候開始，愛情流動於我們的生命裡、霸占心跳的頻率、滾燙著血液，從此我們信仰愛情。

回想起以前談的那些戀愛，就像是劃破黑夜的流星，我們拿青春來守候，把對幸福的願望投遞在那一瞬間。可惜在當時，我們終將沒有辦法摘取然後握好那一份感動。沒有誰對誰錯，就只是錯過。

於是，這些不得志的愛情，成了我們青春日記本裡的扉頁，有些淚漬、有些痛心，甚至是揉皺的掙扎、顫抖的字跡。幾度都要忘記了，愛情存在於我們生命中的意義。幾度都要放棄了，再去相信還有愛的機會。很難、真的很難，要從愛情裡全身而退，更是不可能達成的志願。

但是，愛情的傷害從來就不是僅有負面，它會強壯我們的心，還有對未來的期望，讓我們能夠在這之中勇敢起來。我們沒有愛情的資質天賦，甚至用最拙劣的方式來試探愛裡的分寸，就憑著這麼一股傻氣和真心，即使不能當愛情常勝軍，但至少也真切地走過，每一段屬於我們的青春。

所以我想，所有事情都會好起來的。

愛情帶給我的，和你一樣，有過快樂、有過疼痛，每個階段的領悟，沒有人例外。而我書寫下來的，不僅是愛情的輪廓，更是成長的經過。你我的人生，都是一部寫好起承轉合的小說，我們演繹、我們體會，若跳過了什麼情節，總會缺少了點滋味。不要害怕自己是落單的那個，因為我們都是同類，走過的風景，困住過的陷阱，讓我們一同領略。

在這本書裡，也許會讓你在某個篇章，想起了那個誰，或者看見了當時的自己。很多事情，從來就不會是一聲告別就能一生永別，更多的是，在許多不經意的場景裡，想起了那些曾經。

原來所謂的經過，都只是為了我們的從今往後。每個歡快、每個反省，還有層層堆疊的遺憾，也只為成就更好的我們而存在。或許在未來的某天，當你能笑著回頭看的時候，才明白愛情留給我們的，都是片片精彩。

如果能哭，那就儘管流淚，如果能笑，那就盡情燦爛。因為我們，都擁有愛情的血型，不會被愛而消弭，只會因愛，而擁有最可愛的自己。

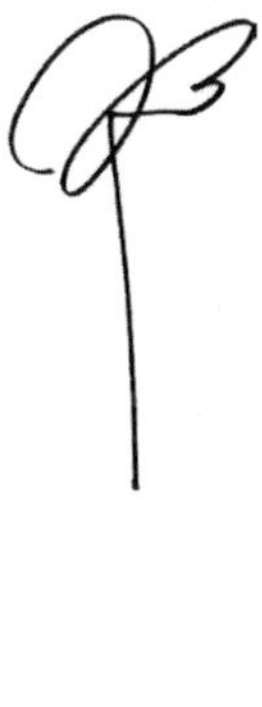

目錄 CONTENTS

第三部／ 完成式

學習中，沒有非誰不可的幸福。

第四部／過去完成式
那些日子，舊情人教會你的事。

第一部／

假設語態

如果，我們有如果……

有多少的「如果」，
留在那條遺憾的路口，
有多少句的說不出口，
成為暗戀的零碎線索。

當時候的我們都不懂，
原來青春，
是一只回不去的沙漏。

我一直都在，你伸手就牽得到的距離

打從第一天起，我就不打算喊停了。
但，再多的喜歡，終究沒能連結上幸福的絕對。
說到愛，我們總是言不及義。

【心情歌單】
周杰倫／晴天
韋禮安／慢慢等
汪佩蓉／只要你快樂

如果有什麼詞彙能總結那段過去，我想，除了「遺憾」，應該沒有別的了。

我從不敢奢求你和我有同樣的想法，即便我總是猜著你的心，不斷從你的身上找尋關於我的線索，哪怕再微不足道，都能成為我每天的動力。認真回想，那段時間我的確是這樣過來的，想著你，其他的事情再也不重要了。當然，我也有自己的生活，但你腳跟的印痕，是我追隨的目標。我想，如果再努力一點，或許有份可能，會在我們之間，冉冉升起。

可是，我們沒有人願意主動向前，所以我總是擔心，是不是弄錯了什麼。假設我下一步這樣走了，你會隨著我起舞嗎？還是到頭來，我不過是熱鍋上的螞蟻，而你也只是未曾煮沸的水，我的任何一個輕舉，都會被你視為妄動。我無時無刻都在這樣思忖著，並且丈量著我們的距離。

我知道我們不可能僅只於此，尤其是我幾乎能夠嗅到你對我也有別於其他人，是不是也能證明在彼此眼中，我們是對方最特別的那個？我想是這樣的，而且我希望是。

我曾經以為兩個人互相喜歡，就能被稱之為「愛情」。但其實，我們還要找到「在一起」的證據。該把對方放在哪個位置，我們閃爍其詞，就像我已經習慣走在你身後，看著你的背影，卻從沒想過去跟上你的腳步。因為那樣的距離我再熟悉不過，如果交換方位，我擔心你會走丟。

我以為只要一直看著你，就不需害怕會和你錯過；以為一直對你好，就不用擔心你會捨得走。我真的以為，而那是我的自以為。

曾經，我們手上握有名為「青春」的籌碼，在籌碼用盡之前，我並沒有危機意識，於是揮霍，從不畏潦倒，多的是時間。我用溫水烹調我們的感情，卻沒想到有天我們將在這甜蜜的曖昧裡慢慢耗去。

於是，我們錯過了。如果說，我們未曾如此靠近愛情，或許就不會感到這般可惜，然而，是我們的怯懦，親手葬送了這份感情。我想你會責備我不夠勇敢，的確，這是我應該承受的，倘若不是因為害怕自己的魯莽，打亂了我們的默契，我哪裡會捨得就這樣與你擦肩。

打從第一天起，我就不打算喊停了。但，再多的喜歡，終究沒能連結上幸福的絕對。說到愛，我們總是言不及義。

也曾想過，如果在那個一起走過的路口牽起你的手，如果那場雨，我把你留下來，或許你就不會離開。如果那一次，我說「我們很適合當情人」的口吻再認真一點，而不是以玩笑話輕輕帶過，會不會我們已經在一起，正在構思下一趟的旅程了？

但你沒有停下來等我，而我也沒有挽留你，「遺憾」對我們毫不留情。

後來，我試圖單身，即使偶爾談幾場戀愛也都草草結束，因為擔心你有天會回頭，我必須空著手，才有抓住你的可能。希望你記得，在你伸手就牽得到的距離，我一直都在。

P.S.

也許有一天，我們身邊都有人了，其實這樣也挺好的，

至少，那個曾經最希望給彼此幸福的我們，都幸福了。

曖昧，是條繞遠路的捷徑

「過猶不及」，是曖昧最重要的一課，
沒有人能教會你，
怎樣的距離才算是適切合理。

【心情歌單】
陳奕迅／
心的距離
方大同／
關於愛的定義
品冠．梁靜茹／
明明很愛你

人們常說的「萬事起頭難」，若放到愛情裡，就是「曖昧」的階段。

我們每個人的心，不是貨架上陳列的商品，沒有白紙黑字的價格和資訊，要想看透彼此的心意一點也不容易。或者，就算是把一個對的人好端端地放在你的面前，你也未必能夠聽見愛情的聲音。

起初，你們的情誼經營，像是豢養植物般地耐心培育，日子在走，理當有所成長，只是大部分和植物的發育相同，若不仔細端倪，也看不出什麼所以然。你們甚至無法命名，存在於你們之間的情愫該是什麼稱呼；你無法釐清，橫隔在彼此兩端的是雙向道還是單行道。

然而，總是很難耐的，關於一段不確定的關係。不能隨心所欲地前進，也沒有退後的理由，站在被制約的中繼點，懸著一顆心，沒有任何根據。與其說「心癢」，還不如說是「心酸」。

或許，是因為離上一段感情太久了，你想拿捏曖昧的距離，卻總是力不從心。你不知道該用怎樣的力道、怎樣的角度，才能將若即若離的情愫詮釋得剛好。有的時候，你很想像情人一般對待，卻擔心踰矩；有時候刻意把自己拉得遠遠的，卻害怕生疏。這樣的關係，好像翹翹板，有個支點，卻也不足以同時撐起你們的感情，你只能在有限的空間維持彼此的平衡。

有天你發現，在他身邊，望向他的不只有你一人，你開始制約不了壓抑的心，擔心會被捷足先登。於是，你變得積極，變得強勢，試圖打破以曖昧之名而拉開的距離，恨不得下一秒你們終結友情，昇華情人。

所以，偶爾你會吃起醋來，莫名地不開心，想藉此表達你有多在意。你有時會過問他的交友情況，或者當他的訊息晚點回覆，劈頭就問去了哪裡、跟了誰？你突然的佔有慾，把他內心的壓力與抗拒徹底點燃。

「過猶不及」，是曖昧最重要的一課，沒有人能教會你，怎樣的距離才算是適切合理。不論是繞遠路還是抄近路，只要還沒抵達終點，只要還沒認輸，存在於兩人之間的任何空隙，都是無法忽視的阻礙。

曖昧，乍看之下是兩人當下的關係，但其實更多時候，是一個人的獨語。於是有些事情，會被自己過度分析，然後因欲求不滿，躁進越是衝動。當美感消失，朦朧被風吹散，一覽無遺的將是你魯莽的姿態。

也許你要到很後來才知道，曖昧，是一種隨堂測驗，對方無時無刻都在打分數。你本該能藉此翻身，得到愛的首肯，卻可能一個踉蹌，打翻了所有可能。

最後能終結這曲曖昧的舞步，將兩人的距離化整為零，只有兩個原因，不是你的勇敢和真心，擁抱出兩人相愛的證據；就是你自以為是的踰矩，讓對方徹底遠離。

P.S.

曾經擁有也好，尚未得到也罷，過於害怕失去，往往會成為真正失去的主因。

真心話，都藏在玩笑裡

輕描淡寫的玩笑，宛如一劑預防針，
在你還未做足準備時，不妨注入些許勇氣。
但若要痊癒這場曖昧流感，你的真心，才是唯一有解的藥丸。

【心情歌單】
陳柏霖／我不會喜歡你
林宥嘉／說謊
蛋堡／I Want You

「你該不會喜歡上我了吧？」
「你才不要愛上我呢。」

一如往常，即便這麼接近告白的機會，你卻總是慣性否認，閃過對方的注視、逃避往心裡去的方向。

很小的時候，你就被教導說謊不對；長大了以後，你卻發現要說實話，才真的叫人受罪。人們討厭謊言，卻又擅於說謊；喜歡實話，卻害怕聽見真心。

於是，為了不得罪任何人，你開始口是心非。然而，說來慚愧，你竟也慢慢適應了這個應對的遊戲。當違心變成一種規律，許多話不再需要經過心裡想過幾次，就能做為回應。

直到你遇見了喜歡的人，連看著他都會出神，每當注視著他，畫面就像是慢動作播放的電影，你的時間因他而變得緩慢了起來。

你們開始熟識要好，卻也是最讓你為難的部分，就好像上網追一部劇，因過於著迷反而捨不得把它看完，你心裡擔心的正是如此，這麼美好的情誼，會不會因為你的喜歡而變質，終結了這份難得的緣分。所以，你還沒有做好準備要坦誠，卻意識到，你竟也成為那種畏懼聽見真心話的人。

但是，藏在心裡的喜歡，就像是飽滿的氣球，綑綁得再緊，也會無聲無息地洩漏。人都有叛逆的習性，即便早早訂好規矩，還是會想旁敲側擊。

藏在心裡的喜歡，
就像是飽滿的氣球，
綑綁得再緊，
也會無聲無息地洩漏。

你不希望自己的行為，如同墨汁暈染一池清水，如此顯而易見；卻也不想讓兩人之間獨有的默契，成了猜謎遊戲，繞了大半個圈還是牛頭不對馬嘴。

於是，你試圖將真心偽裝成玩笑，說的時候，落落大方，保留試探完之後退場的餘裕。就像那些選在愚人節告白的人，即便在說出口的時候不否認，但那心跳加速的快感，卻是如此真切地鼓舞著你的勇敢。

只是，可惜了肺腑之言以這樣的姿態出場，你早已沒有思緒等待他的反應，便草草結束。你太害怕了，害怕他就這麼當真，害怕你自己沒有餘力去收拾無法預料的殘局。你果然還是只能在夢裡稱王，醒來時卻只是毫無縛雞之力的膽小鬼。

但你絕不為自己的懦弱而感到憤怒，就因為你擁有別人比不上的在乎，才會嚥下每一句已到了嘴邊的話。你不怕單獨，只是不想落單，這或許是你提不起勇氣的藉口，卻也是無法推翻的理由。

這就好像很多不願意養寵物的人，是不想看到牠無法陪伴終身，終究要面對失去的痛楚。所以，你也因為避免結束，而避免了所有開始的可能。

最可貴的，總是最讓人害怕失去，只可惜卻也注定在害怕裡不停翻覆。

如果有一天，你的心意仍像是寫在報紙副刊的笑話一則，卻有另一人，在頭版刊登尋人啟事，寫的就是他自己的名字。你會概括承受，還是舉手喊停，一切從頭？

輕描淡寫的玩笑，宛如一劑預防針，在你還未做足準備時，不妨注入些許勇氣。但若要痊癒這場曖昧流感，你的真心，才是唯一有解的藥丸。沒有兩全的辦法，只有打從心裡的實話，才是解答。

P.S.

或許，在我們生命裡，第一個學會維護好的秘密，
就叫做「喜歡你」。

一愛上，就會染上叛逆的習性

雖說十賭九輸，但你相信，
自己會是那僅存的唯一，
尤其每當他給了你幾次理想中的回應，你就會更加確信。

【心情歌單】
張懸／
醼火
魏如昀／
聽見下雨的聲音
江美琪／
對你而言

如果沒有被傷得那麼透徹，你哪裡會曉得，追求如此誘人的幸福，竟會成了自掘墳墓。

曾經，你也喜歡過這樣一個人，看著他彷彿像是發光似的，舉手投足都搶盡你的目光。他未必擁有讓人一見鍾情的外表，但他散發出來的魅力，在與他相處的過程裡，喜歡他，忽然變成了理所當然的事情。你之於他，就像是貓和逗貓棒，有種與生俱來無法抗拒的吸引力。不好解釋，但這就是事實。

但是你聽過些許風聲，關於他在感情裡的豐功偉業。和你要好的人都知道，只要談起戀愛，你就奮不顧身，死心塌地在感情裡沉淪。正因為如此，他們曉得，你是傷不起的，他們不怕多嘴，只擔心你會被盲目的感覺引誘，不知安危。所以，他們極力阻止你喜歡他這件事情。

多數情況，都是其來有自的，每個人的過去，也都會具有可信度的參考價值。他們沒有抹黑，只是將醜話說在前頭；他們不是對你沒有信心，只是希望你瞭解，所有的迷戀，就要有承擔失敗的風險，不是非得要血淋淋，才會知難而退。畢竟，仰慕著對方，就像是站在地球，永遠只看得到月球光亮的一面，而難以察覺在背後的陰暗。

然而，你的喜愛正在風頭上，哪裡聽得進流言蜚語，在你耳裡，不過只是道聽途說。即便這些話，難免會影響到你對他的想法，可當你一見到他，這些念頭也隨之煙消雲散。

任誰都有過去，這是你給自己愛下去的最佳解釋。你曾經是不相信的，認為會劈腿的人就是會劈腿，慣性花心的人，就沒資格說專情。像是燙在身上的烙印，一旦敢做就得承擔的證據。但現在，你不再固執己見，因為他就這樣活生生地在你面前，沒有誰能比你看得更清楚。

你搧著風，壯大心中為他而點燃的火苗。你心裡有數，這會是一場賭注，雖說十賭九輸，但你相信，自己會是那僅存的唯一，尤其每當他給了你幾次理想中的回應，你就會更加確信。可是，你漸漸發現人心的難測，是雙眼也無法見底的深度。你們的熟悉隨著相處慢慢加深，他的本質，也在漸滾的水中浮出雜質。

他的一言一行，和朋友們曾經的預告很類似，原本沒聽清楚的流言，竄在耳邊已越來越清晰。你想起自己曾經猶豫的原因、曾經害怕的可能，不是沒來由，只是時候未到。而你卻過於執著愛，像是行駛在路上，導航要你往左而你偏要向右，你不是不知道那是條正確的路，卻一意孤行，認為自己能夠找到更好的捷徑。

一愛上，就會染上叛逆的習性，明知山有虎，偏向虎山行。這是勇氣，也是有勇無謀的範例。愛慕讓人無所畏懼，寂寞會讓這份勇敢加劇，但間接造成的，則是讓你視線模糊，連警示標語，都錯看成戀人絮語。

每個關於愛的決定，本就是一趟冒險。唯美的花火，也有玩火自焚的危險。你不能隨手就去觸碰想愛的衝動，一個不小心就會灼傷自己。你要做的是用心體會每份悸動的含意，在最安全的距離，保持恆溫，分辨出真心的光亮與晦暗。你不需要什麼轟動，只要能夠保持很久的感動。

P.S.

愛錯人實在太痛了，誰也不該承受這樣的折騰，
所以你才不能將明知故犯的錯愛，妄想成幸福的可能。

【心情歌單】
庾澄慶／靜靜的
薛凱琪／你不要愛我
林宥嘉／浪費

藏好喜歡，只為擁有陪伴的資格

也許會有這麼一天，你勇敢了，
明白友情能給予彼此的空間已經不敷使用了，
知道繞過了幾個迴廊再碰頭，原來你們才是最適合的。

有一種感情是單方面的明確，卻捉摸不清對方的心意，所以只好美其名，說是「純友誼」。

因為承認「喜歡」太過沉重了，你無法確定，他能不能將這份情感接好。你更擔心像這樣發自內心最深處的重量，一旦拋出去了，若沒下文，你的生活是否就會從此失衡。

所以，你沒有讓任何人看出你的喜歡，連暗戀也都不會被懷疑。就因為想要毫無負擔地在他身邊，聊起天來沒有話題的限制、沒有拘謹的姿態，於是你擅於偽裝的能力，便從喜歡他的那一刻開始被培養了起來。

也因為沒有複雜情愫渲染的關係，你們在彼此面前才能自然、無話不談，你們是最契合的朋友，他談了戀愛，你是他傾訴的出口；他擔心你孤單，還為你介紹對象。這樣的互動，不正是你想要的嗎？彼此關心、彼此照顧。在他內心，你著實佔據很重要的區塊，也沒有因為誰身邊有了誰，就排擠對方的位置。

有時候你會想，這個「最好朋友」的稱謂，是不是打從一開始，就是個錯誤？

以為是靠近彼此的利器，卻在縮短距離之後，成為分隔紅海的摩西，你們永遠只能站在兩端。會不會一開始，就把你的喜歡剪貼成情書，遞送到他手上，也就不會有現在沒能坦白的喟嘆，止不住的心酸。

其實你很清楚，所謂的「純友誼」只會建立在愛情斷線的迴路裡，只要有一絲戀人的遐想與期待，那都稱不上純粹。所以你選擇說謊，換取陪伴在他身邊的資格。

只是你騙不了自己，這樣純友誼的角色，源自於你最初的不勇敢。

兩個不同的方位，前進是愛情，退後是友情，一旦選擇了一片天空，就難以更改另一邊的氣候；一旦過了可以決定彼此定位的關鍵時刻，也只能笑著接受，來到這不得不走的路口。

沒有什麼感情是無法割捨的，如果真的能有個值得真心相待的朋友，那才有多難得。但未來會有什麼變化，誰也不敢說，你只能謹守本分，倘若對方是幸福的，你就沒有插手的餘地，如同你選擇始終陪伴在他身邊的意義。

也許會有這麼一天，你勇敢了，明白友情能給予彼此的空間已經不敷使用了，知道繞過了幾個迴廊再碰頭，原來你們才是最適合的。到時候，你對他的喜歡，就會像某天午後的陣雨，洗淨你的決心，淋濕那些無言情書，而屬於你們的情愫，漸漸暈開曖昧的色彩，開始粉紅了最純白的友誼。

P.S.

為什麼我們總是不相信男女之間有「純友誼」？
因為有一種愛情，給出的愛很安靜，如同李大仁與程又青。

到頭來，我算是你的誰？

可不可以讓我知道，你心裡想去的方向？
可不可以讓我知道，
你那些加味過的話語是否只為我烹調？

【心情歌單】
S.H.E／
還我
徐佳瑩／
你敢不敢
盧凱彤／
你根本不是我的誰

自從喜歡了你之後，我就知道往後的日子，就算你什麼也沒做，我都會被你牽著走。

在那些超乎預期的事情發生之前，我想我能做的，就是控制好我的喜歡，安靜得自然。我會把一點點累積的情感，用閃爍的詞句掩飾，放進瓶中信，靜待你的回音。用獨自的心跳頻率，去撥弄你心中的漣漪，這已經是我，最大的勇氣。

後來你回應對我的不排斥，像是伸手搭上我邀舞的右手，將我的暗戀昇華到我們的曖昧，我終於可以不只是謎樣的喜歡你。我們互相瞭解、彼此傾聽，然後用那些零碎的線索，拼湊出比「喜歡」更直接的字詞。你的關心，你所給予我的回應，我們不經意撞上的默契，都讓我明白「怦然心動」是怎樣的滋味。

我很喜歡這樣的我們，所以不會對你有太多奢求，你給我的小動作就足以讓我滿足，我可以用大於友情的態度、更靠近的關心，在不觸及愛的範圍，把每句話都說得理直氣壯。

只是，「時間」讓我們的曖昧成了忽明忽滅的燭火，每當我想要更進一步，你的短暫冷落，就足以讓我瞬間退後好幾哩，將我的勇氣幾乎消耗殆盡。

幾次，我也曾想過我們是不是就要停滯在這裡了，你的一句話、一個邀約，又能輕易燃起我對你的嚮往。只是你的愛像是一座攀登不了的峰頂，我繞著山路打轉、迷路，無論繞過再多的地方，就是無法無礙地登頂插旗。

會不會就僅止於此了，關於「我們」？我始終無法分辨，你是喜歡我，還只是不討厭我，甚至連我都質疑起自己而無法主動。會不會是我喜歡你，卻沒有喜歡到非跟你在一起，會不會我以為的曖昧，只是我一個人的愚昧？

每當一想到，如果現在有個人正牽著你的手，我就無比難受，即使只是假想都還是太刺痛了。你呢？是否也曾這樣想。

在一籌莫展的日子裡，我的快樂簡單而純粹，我的寂寞複雜也猖狂。總有那麼幾個時候，你走在我旁邊，讓我有想牽起你的衝動；也總有那麼幾個時刻，我想放棄掉所有與你相關的念頭；甚至想聽你說「我們只能當朋友」，勝過於你說「有你真不錯」。我不想再繼續過著患得患失的生活了，我不確定此時的快樂，會不會又是自己的另一場獨白。

也曾想過索性就由我來開口吧，但你能否明白，就好像一本讀了好久的小說，就快要翻到最終回的失落；你能否明白，我的勇氣與你的回饋必須成正比的道理。可你一定不明白，當你對著其他人，遞送出給予我相同的笑容，我便會把自己歸類為你身邊的其中之一，而不是最特別的那個。

所以我好想請求你，可不可以讓我知道，你心裡想去的方向？可不可以讓我知道，你那些加味過的話語是否只為我烹調？

如果對你來說，我與其他人無異，那麼，可不可以把我對你的喜歡還給我，如果你無法說出愛我。

P.S.

曖昧就是幾乎就要觸手可及，卻又抵達不了的距離。
如同你的心，如同我們無法解釋的感情。

嫉妒，也是一種成全

【心情歌單】
陳綺貞／嫉妒
丁噹／好難得
棉花糖／請幫我愛他

你還是好面子，堅信他此刻的生活你也給得出，
你不會投降，但也不再爭奪。
就讓這份遺憾交由另一個人來延續，剩餘的情緒，你會收拾乾淨。

喜歡一個人，心胸就會變得狹窄，不論誰處在他的身邊，都叫你難耐。

在還沒勇敢之前，你一事無成，只是個望著櫥窗裡渴望的孩子，身無分文，知道自己負擔不起。但在淺意識裡，你朝思暮想，就算相隔幾條街，你卻已經擅自為他打理好一個空位，就在你的心裡面。

還沒擁有，卻已想著佔有，過分的期待，讓你魂不守舍。每當聽說誰也對他

同樣感興趣，你就忿忿不平，因為只有你能獨占鰲頭，誰都不能和你分食。但愛情本來就沒有先來後到的順序，熬夜排隊也比不上先行訂位，只有勝者才能為王，其餘的，也只能耍嘴皮子狂妄。

最終，沒能雀屏中選，你和錯愕與難過共存。無法理解他的選擇，更不願面對，你怎麼會輸給別人！你唯一有自信的，是對他的喜歡絕不少於其他人，你相信自己能給他的，絕不會相形失色。但是，感情不是條列的清單，打上勾勾就有符合的資格。

不曾擁有便失去，和失戀有何不同，終究只能相識，不能相戀。但你無法不去在意，是誰搶奪了你原本該有的身分，是誰打醒了一場好夢？

你寧可自己不夠好，也不想輸給更好的人，就像考試，已經幾近滿分卻還是沒有第一，因為前方總有個資優生，你只能追趕在他後頭，從來就沒有比肩的機會。但你還是不服輸，從不認為自己哪裡比不過。

於是你嫉妒，嫉妒他的快樂，不能由你製造；嫉妒他的生活，沒你的點綴也能過得很好；你嫉妒所有與你無關、卻真切快樂的片段。如果你們曾經一起努力過，至少也不那麼遺憾，好過你從來就一籌莫展，他卻依舊幸福美滿。

打著愛的名號，佔有欲就像是套上指頭的魔戒，要脫下是多麼令人心有不甘。你並非是不通情理的人，只是內心糾結，他怎麼可以把這麼真心誠意對待的你，置之不理。就算被淘汰也需要理由，一個能讓你死心的理由，你想要離開時抬頭挺胸。

過了一段時間之後，等強烈的情緒脫離，你望著平靜的湖面，看到了清澈的倒影。他依然是你愛慕的人，只是笑容變多了，你可以感受到他那份發自內心的溫度，是戀愛的氣候。**看著此刻的他，你突然好想哭，於是笑著流下眼淚，因為這正是你盼望能給他的幸福。**

你會將過去的嫉妒，視為唯一的美中不足。**你還是好面子，堅信他此刻的生活你也給得出，你不會投降，但也不再爭奪。就把這份遺憾交由另一個人來延**

續，剩餘的情緒，你會收拾乾淨。

你給你的付出，他有他的幸福，兩者沒有衝突，只要你們都能適得其所，這樣就足夠。

P.S.

得不到的叫人嫉妒，看別人得到又讓人羨慕，可你怎麼就忘了，你所擁有的，已經夠你滿足。

我們啊，有緣無份

擁有和錯過，不就只是那一念之間嘛。
我們看過緣分的模樣，就是彼此相知的那一片晴朗，
卻沒來得及在大雨將至的日子，撐起傘、拉起對方的手說，讓我們一起走吧。

【心情歌單】
陳綺貞／小步舞曲
田馥甄／小幸運
胡夏／那些年

能被你笑著回憶，卻又嘆著惋惜的，往往都是曾經、就差了這麼一點的感情。

穿越了一場又一場的愛情，經歷過一段又一段的刻骨銘心，在你的心中，始終有那麼一個人，無論過了再久，還是忘不掉曾經的相知相惜，卻沒有相愛的證據。

遇見他，是意料之外的事，你們投緣，只需要幾句問候，就知道你們誰也不

會嫌棄誰。你們擁有共同的興趣，彼此很是順眼，你們的對話沒有斷層，連生活細節也很雷同。突然有天，你開始願意相信，這世界上或許真有所謂的「命中注定」。

對他的好感，就像沙漏一般，隨著時間，一點一滴堆積成一座小山。

朋友總說，時間會讓我們看透一個人，但對你來說，你只是更加看清楚自己對他的心意。你們去過很多地方，約會也不需要裝模作樣，在彼此面前，更用不著什麼偽裝。和他相處，就是有種別人給不出來的舒服感覺。

你曾以為自己不會喜歡上這種類型的對象，但你後來明白了，只要喜歡，就是最好的對象。

唯有「天時」、「地利」、「人和」，才能形塑愛情的圓滿。你知道自己什麼都準備好了，卻無法確定對方是否也一樣。

即使靠得再近，也無法用肉眼看出對方的心，就算是用心去感受，但又有誰能不害怕之間可能存在的些許誤差，會打翻這熬了許久的情感。剛剛好的勇氣，仍然不足以成為你們安放好感情的力量。

怪只怪自己太年輕，不認為把自己的好感隱藏，也算是一種不誠實。

畢竟眼前有這麼多可以揮霍的大好日子，又有誰還會去精算「獲得」與「失去」，那不過只是毫米的距離。

沒有將話說開，再熱烈的情感，也會逐日結冰成塊。

看到對方身邊多了個誰，內心的小劇場便開始上演，逞強的你憑什麼過問，再多情緒也只能強忍。哪怕是誤會，你也不想再繼續將時間浪費。在最寂寞的時候，一旦有人主動釋出善意，一來一往，就這樣輕易將你推離他的生活範圍。

就算緣分再怎樣用力將你們湊合，也敵不過幾個陰錯陽差的巧合。一旦錯失了可能相愛的線索，也只能怪你們不懂得把握。

你終於明白，都走過青春這趟旅程了，怎麼還會看著那些純愛電影潸然落淚。林真心和徐太宇還是沒有在最好的時候，把握住這好不容易的小幸運；柯景騰和沈佳宜的情愫，終究只能留在回不去的那些年。

擁有和錯過，不就只是那一念之間嘛。我們看過緣分的模樣，就是彼此相知的那一片晴朗，卻沒來得及在大雨將至的日子，撐起傘、拉起對方的手說，讓我們一起走吧。

如果一切從頭，錯過的便絕對不會再錯過，至少你是這麼認為的。只可惜，沒有如果了。

有緣卻無份，是我們都曾走過的旋轉門，沒在對的時間停下來，本該屬於我們的故事，也就只能這樣一去不返。

有緣卻無份，是我們都曾走過的旋轉門，
沒在對的時間停下來，
本該屬於我們的故事，
也就只能這樣一去不返。

我們只能去想像，是否存在著另外一個平行時空，好去彌補你們無法追悔的缺憾。可幸好，你們終究還是相遇過，就像流星墜落之前，你有完整地將願望許在心裡。

P.S.

「錯過」之所以可惜，並不在於你們沒為對方停留，
而是當你驀然想起這個片段，才懂了原來你們曾經如此靠近過。

不做備胎，因為你值得被愛

其實，你早已經察覺，自己只是他的次要，
也一直很清楚，你雙手奉上的感情不是他所需，
那麼，至少努力過就好，就算是給自己一份交待。

【心情歌單】
家家／分開的常理
蔡健雅／Easy Come Easy Go
郭靜／陪著我的時候想著她

當每個人都在爭奪愛情關係裡的第一要角，而你，卻總是用著你認為對的方式，靜默地愛著一個人。

沒有太浪漫的言語，也沒有旺盛的企圖，你認為的愛情很簡單，只要真心誠意、付出給予，你可以把決定權交給對方，讓他來定奪你之於他的重要性。

你從來沒想要勉強誰、也不去貿然爭取，但這並不表示在愛情裡的你別無所

求。只是差了一點對自己的信心、多了一點為他的設想，才形成前退都兩難的局面。

不只一次你告訴自己，要在他面前鼓起勇氣、表明心意，卻在他欣喜地和你分享感情的喜悅時，你附和、鼓掌，笑得比他還燦爛。後來，你決心不再抱持期待，決心緩慢抽離對他的喜歡，卻又無法抗拒他打給你的每通電話，每則與你分享心情的訊息。當他端著觸礁的感情，哭喪著臉向你傾訴，你又勸和不勸離，要他再繼續努力下去。

他就像一塊磁鐵，無論你走到哪裡，心裡的指南針總是朝向有他的方位。

究竟是他真有那麼好，還是你給自己過度期待，總之，每當站在抉擇的交叉路口，你還是選擇留了下來。你看過許多劇情，相信在愛裡默默耕耘，在他身後給予最即時的溫暖，假以時日，他終將會為你停留。而你就是在等待這樣的機會，一個讓自己能繼續的機會。

一生中，我們或多或少都曾將愛投遞錯了郵箱，
但愛很珍貴，不用非得排隊等著他來閱讀你的心意。

所以你寧願將自己的感情空白，只要他願意，任何色彩都由他決定。你會扮演好聆聽的角色、撫平他的情緒、在他最寂寞的時刻守護，你什麼都做得來，而且還做得比誰都還要好，只希望他能看得到。

但，三番兩次，幾乎觸手可及的感情，卻還是被他以不同的形式撥開。他從來就沒有把話說死，也並非如此遲鈍，只是關於你的眼波，他始終無法迎面直視。

你就像衛星，以他為中心環繞，只要有他在，你的星球便四季如春。或許這也是你離不開他的原因，只要他仍然熱絡，你就沒有說服自己放棄的理由。只要他認為你重要，你就會時時做好準備，填滿他的空虛。

只是他的春天，始終沒有帶來能滋養愛情的暖陽，於是再好的風景，你也無緣與他並肩欣賞。你的快樂、你的企望、你的寂寞，終究在他談了另一場戀愛之後，徹底擰乾了你能為他流下的最後一滴眼淚。

愛情勉強不來，這你是知道的，但你好強，甚至逞強，就是無法眼睜睜地把寄託從他身上取下。你的堅持還是徒勞無功，這並不代表他不把你放在眼裡，只是在他心裡，空缺總有人能夠遞補，只是卻終輪不到你。

一生中，我們或多或少都曾將愛投遞錯了郵箱，但愛很珍貴，不用非得排隊等著他來閱讀你的心意。

其實，你早已經察覺，自己只是他的次要，也一直很清楚，你雙手奉上的感情不是他所需，那麼，至少努力過就好，就算是給自己一份交待。

躲在陰暗面太久，你是該出來透透氣了，好好為自己而活。別讓委屈成為你在愛情關係裡的一貫姿態，是時候把自己要回來，不再去做誰的備胎，只因為你值得被愛。

P.S.

愛情向來最直截了當，從來沒有什麼候補，
不該有人要你等著，等到改天有空再說。

喜歡你，但不必擁有你

有一種幸福，再簡單不過。
當你說話的時候有人聽，難過的時候有人陪，看見對方幸福時，打從心底為他安心。
不需要太多言語，彼此之於對方的意義，全都了然於心。

【心情歌單】
劉若英／我們沒有在一起
陳奕迅／兄妹
莫文蔚／我明白他

當你喜歡上他的那一刻，也許曾經想像過，有天，你們能出雙入對，有天，你們能成為一對。

以「朋友」自居，是你給自己的保護色，不會過顯突兀，也不至於隱姓埋名。你對他好，像是一種與生來的本能；他也對你好，你總是能從中看到無限的可能。你們之間的相處，不是隨時可以沸騰的那種，而是慢火中微熱增溫的感情。

在這個溫室裡，能讓還未超越友誼的彼此保持恆溫，卻也是另一種無可奈何的原地踏步。你多希望，能在過馬路的時候被他牽著；你多渴望，能夠直視凝望著他的瞳孔，不再閃躲。你不想再翻箱倒櫃，只為尋找出不能相愛的理由，如果可以，你樂意至極地將他的名字，從臉書的摯友改成「穩定交往中」。

但，你還是沒能這樣做，就在他興高采烈地和你分享他有了新對象之後。

是你誤會了什麼嗎？一心妄想能和他描繪出愛情的線條，看來，還是太不切實際了。面對這樣垂直的落差，就算墜落也不能喊痛，還要笑著給出祝福，若無其事地傾聽他敘述不屬於你們的故事。他笑得有多甜蜜，你的陪笑就有多諷刺，即使你的心正下著一場傾盆大雨。

他要你為他保密，只因為你是他最要好的朋友，所有最快樂的事，他需要你第一個知道。原本你以為，這份友情是能夠將你們拉進彼此的推手，反而卻變成扼殺你和他見證愛情的兇手。

做為摯友，你向來是得心應手的。或許，追根究柢都是來自於你對他的愛戀，若沒有這樣的情分，你們也就沒有相伴的可能。每當你看見他在你面前，毫不保留的真誠笑容；對你的重視，也從沒有因為誰的出現而略減幾分；甚至，在他最低潮的時候，你永遠是他最先想傾訴的對象，只因為你是最懂他的那一個。

你這才明白，原來愛一個人，就是坦誠相待，在彼此最需要對方的時候匆匆趕來。如果彼此都是對方心中最無可取代的人，那麼，你們給出的，其實也夠格稱為獨一無二的愛。

即使最後你們無法成為一對戀人，那又如何？你還是能繼續喜歡著他，因為你的喜歡並不只是建立在愛情之上，而且他也已經真切地成為你生命裡，無人可比擬的重要。因為你們之間的感情始終存在於默契之中，沒人能複製得來，不會再有誰能在你一鎖眉，就知道你有心事。

有一種幸福，再簡單不過。當你說話的時候有人聽，難過的時候有人陪，看見對方幸福時，打從心底為他安心。不需要太多言語，彼此之於對方的意義，全都了然於心。

不曾擁有，並不代表一無所有，因為你們早已在彼此心裡，以友誼長相廝守。

P.S.

能在一起也好，不能在一起也罷，只要存在一份單純的喜歡，沒有在彼此的生命中缺席，其實也不算太壞。

第二部／

進行式

我們相遇，然後信仰愛情。

在這個紛擾的世界裡，
人與人的相遇，
是最浪漫的事情。

從彼此的眼底，
聽見自己心跳的聲音，
愛情就這麼樣的成立，
我們共同的未來，
一起努力。

喜歡你的喜歡，習慣你的習慣

你終於明白，膽寫對方的習慣，從來就不用費盡心力，
只要兩人讓愛閃閃發亮，彼此的影子就會被覆蓋。
不分你我，不說獨白，相似到自然而然。

談了幾場愛情之後，你發現，在愛裡的戀人們，就像群聚感染，不知不覺，一言一行都有類似的特徵。

無意識的，你甚至也沒有察覺，直到老朋友對你說：「你以前好像不會這樣。」這時，你才恍然，當你允許心裡住下一個人以後，連身體也會跟著不由自主。即便那個人後來從你心裡出走，那些曾經不習慣的習慣，也流進你的血液裡，融為不可切割的一體。你就像東剪西湊的拼布，不再一樣，卻非

【心情歌單】
范瑋琪／黑白配
蘇打綠／頻率
五月天‧陳綺貞／私奔到月球

常漂亮，之後和你認識的人他們並不會知曉，其實你從前並不是這個模樣。

你太倚賴愛情了，明白感情最禁不起不合拍的腳步，所以你才會像變色龍，和什麼樣的人在一起，就會重新暈染自己的色彩，盡可能配合。對此，你一點也不感委屈，因為這是你的溫柔本質。你不希望在生活裡還要用犄角互相對抗，既然「改變」對你來說是種體貼，你當然樂意去做為他的影子，模仿習慣和行為舉止。

你學習得絲絲入扣，幾乎取樣了任何關於他的細節，再不像也有三分樣。然而，你卻沒有學習到他的灑脫與健忘，說放下就放下。所以，當你重新一個人了，才冷不防地驚覺，自己身體臨摹出來的行為，像是他的倒影，只要一股思念就足以衝擊淚腺。你甚至分辨不出自己原先的好惡，像個迷失的孩子，難以說出自己來自哪個國度。

如同失憶的人，總在許多不經意的生活片段，一點一滴地，想起被剪輯過的鏡頭。每段失戀之後，你都會變成考古學家，慢慢地把過去的自己找回來，雖然，無法完美複製曾經擁有的過往，只能從破碎的習性裡，尋回屬於你的本質。

後來，你的心吹進了一陣暖風，他能在澄澈的湖面，映照出你的笑容。你仍然存有不減的可愛，以及執著於討好的劣根性，雖然你明白，這樣的行為會讓你心傷，但你想不到其他可以表達愛的方法。可他不一樣，他喜歡原本的你，不希望自己打個哆嗦，你就跟著發抖了。他不否認戀人都有模擬的慣性，但他不願意也不需要誰被迫使，因為愛情就像是對褶再對褶的白紙，只有密不可分的兩人，才會慢慢長成對方的臉，而不是勉強戴上了面具，就能夠成為彼此。

你本來不懂，直到有天你在彼此互動的細節裡，忽然有所發覺。

他知道你早睡，原本是夜貓子的他，不到晚上十一點竟然也頻打呵欠。他原不喜歡聽歌，後來在他的手機裡，你竟找到幾首你最愛的音樂。你討厭看英雄電影，但電視轉到他最喜歡的《復仇者聯盟》，你看著看著竟也熱血沸騰了起來。他習慣運動，懶惰的你出於好奇跟著穿上球鞋，跑了幾圈竟愛上流汗的感覺。你怕生，但願意陪他和朋友聚餐。他曉得你工作一忙就會忘記吃飯，即使再晚，也會等你一起共進晚餐。

因為彼此，在不知不覺中成為更好的人，這才是愛情，這才是戀人。我們誰也不需要成為對方的贗品，而是在彼此相處的默契裡相互輝映，你終於明白，謄寫對方的習慣，從來就不用費盡心力，只要兩人讓愛閃閃發亮，彼此的影子就會被覆蓋。不分你我，不說獨白，相似到自然而然。

P.S.

不經意的耳濡目染是「習慣」；刻意的勉強配合是「改變」。兩者很類似，但內心冷暖自知。

有一種情話，叫溝通

如果，這是一段你亟欲想要維持的感情，
就更應該好好做自己，也觀察真實的對方。
坦誠，才是最親密且純淨的呈現。

【心情歌單】
曹格．梁靜茹／PK
林宥嘉／耳朵
蛋堡／我們都有問題

那時候，你們剛成為戀人，就算發呆捧著臉想著對方，也會不知不覺地笑了出來。你們無話不談，也無須多話，就像是一種默契，剛剛好的頻率。

很多話你沒有真正吐露，只是專注地為對方付出，小心翼翼地維護剛萌芽的感情，你沒有花太多心思在自己的感受，或者說，他的一舉一動就是你最強烈的感受。像是一場傾盆大雨，你淋成了落湯雞，卻說什麼也要為對方撐傘。每當你凝望著他時，都忘了自己，讓好的、壞的，一併概括承受。

如何能「拿捏好分寸」是一門學問，
你可以放寬規則、放大空間，
但不要擅自抹去底線。

當然，你也有你愛情的規則，甚至曾有人因犯了規，而被你判定離場。就好比對方總是切不斷和異性若有似無的曖昧，哪怕是玩笑話，也都會讓你耿耿於懷；或者，對方難以捉摸的脾氣，心情不好也憋著不說，讓彼此的氣氛詭譎冷冰。甚至是生活上，彼此做人處事的差異，都像是一扇門，阻滯著情感的順暢流動。

卻在這次的戀愛裡，你變成一隻溫馴的貓。就算是再不中意的事，你也輕輕提起、緩緩放下；向來有許多地雷的你，就算對方踩到也絕不會引爆；就連自己不願也不喜歡做的事，也會因為他而逆來順受。朋友們覺得你變了，但更精確地說，是因為你愛了。因為愛，所以你不讓自己逆流而行，順從著對方是你辨識方向的唯一方法，你可以對堅持的自己認輸，但不能在他的人生裡迷路。

只是，你還是無法讓自己做到完全脫胎換骨，就像說著一口再流利的英語，還是聽得出口音。你以為那些不喜歡的，忍著、忍著，就會習慣了；你以為自己退後幾步，給彼此空間，對雙方都好。於是你倔強扛起所有你原本不能承受的重量，終究還是壓垮了你。就像舞池裡手腳笨拙的兩人，他不斷踩你的腳，而你也始終笑著說「很好」，任由他帶領，你只是附和陪襯，他洋洋得意以為這是專屬於你們的舞步。

你弱化了自己，以成全一場漂亮的對手戲，卻沒有想到，刻意失衡的秤子，竟再也無法撥亂反正。他不懂得你的用心，甚至得寸進尺，即使你也曾打算奮起抵抗，卻一再敗給你的心軟和他的不悅。只要他一皺眉，給出質疑的眼神，你便選擇緘默和隱忍。你的愛還是很多，只是錯放比例，為了愛他，你選擇不愛自己。

於是你抽絲剝繭自己的不開心，才發現，你一直在用自己認為對的方式愛他。你的感受從來都只有自己明白，卻沒讓他知曉你要的是什麼。找到舒服的相處是人類的慣性，一直以來，他少了體貼、多了自私，卻都因為你的讓步與迴避，而讓他以為一切都在你能接受的範圍。資訊不對等，是你們之間的最大阻礙。

其實，你不該過度保留自己的意見，不出聲，叫做「縱容」，時間久了，你將失去發聲的權利，而對方也會被賦予實權，變成一種專制政權。

如何能「拿捏好分寸」是一門學問，你可以放寬規則、放大空間，但不要擅自抹去底線。任何你在意的、放不下的，也不要勉強說服自己無所謂。如果，這是一段你亟欲想要維持的感情，就更應該好好做自己，也觀察真實的對方。坦誠，才是最親密且純淨的呈現。

存在某種程度差異的兩人，一定會有需要磨合的過渡期，不用害怕說真話，更不要避諱討論，因為當你們願意以愛之名溝通，那正是你們願意為彼此努力的證明。

P.S.

決定在一起，不需要約法三章，只要盡力做好——
溝通、溝通，以及永不厭其煩的溝通。

沒有什麼，比他懂得珍惜妳來得重要

感情裡所有能條列出的條件都是金玉其外，
那些看得到的好，
都不如真正的感受來得可靠。

總是有很多人和妳說，遲早有一天，妳一定會遇到注定的真命天子。

像這樣抽象的說法妳聽多了，甚至太多了，但一眼望去的茫茫人海，總有人像是將接近，卻又悶不吭聲地遠離，或者像是就快靠岸了，忽然來了一陣風又把妳吹遠。聽說，有人對妳動心，但遲遲沒有行動；好像中意上哪個誰，卻又無法表明。相愛真的好難，明明每個人都是同一道習題，卻怎麼也沒有標準答案。

【心情歌單】
魏如萱／我們
Olivia Ong／海枯石爛
嚴爵／Something

妳曾經設定一些交往準則，並非因為眼光高，比較像是一種自我保護。年輕的時候，少許的浪漫和甜言蜜語，就能輕易擄獲妳的心，帥氣挺拔是妳最重要的依據，帶出去要有面子、多麼神氣，直到無疾而終之後，才發覺自己膚淺得可以。也曾勉強自己去喜歡能夠給予妳物質生活的人，卻驚覺少了悸動，根本背叛了妳所信仰的愛情。

於是，妳開始質疑自己對於愛的定義，妳不知道怎樣的人，才能讓妳無條件交付自己。

妳內心納悶，會不會是自己做錯了什麼，來來去去這麼多人，卻總是挑選不到一個對的？

妳在意的，他做到了，卻在某方面出了其他紕漏；讓自己不分青紅皂白地去愛了之後，卻又被不分青紅皂白地丟下了。如果連戀愛都需要一套標準流程，那麼，扼殺掉妳幸福機會的，究竟是哪個環節？是要求過高，盲目跟從？還是妳壓根就沒有仔細去搜尋內心裡那最重要的關鍵字？

直到妳遇到了他，一個年輕時入不了妳的眼的人。倒不是他長得不好看，而是與其他人選相比，他不會是拔得頭籌的那一個。不夠出眾，或是說他不懂賣弄，所以妳根本看不出他有何本領；但熟識了之後，妳才知道他只是被埋沒。他不是那種會被大肆報導的排隊店家，而像是隱藏在巷弄內的庶民小吃，無意經過而坐下點了幾盤招牌，不免驚嘆這麼好吃為何沒人知道！而他就是這樣的一個人。

於是妳給了他機會，允許他對妳好。在愛情裡，他天資稍嫌拙劣，不像其他人，懂得用如蜜的話語融化妳的心，他只會實話實說，從不說刻意編織的謊言；他沒有什麼華麗的驚喜，但該給妳的浪漫也從不缺席；他的體貼、他的溫柔，一點都不會讓妳記憶深刻，卻能一再溫習；過去妳在愛情路上跌跌撞撞，他都知道，所以這次決定把妳牽牢，不再讓妳跌倒。

後來妳明白了，感情裡所有能條列出的條件都是金玉其外，那些看得到的好，都不如真正的感受來得可靠。其實，他並沒有做出任何值得妳誇耀的事，但與眾不同的，是他做到了別人都做不到的珍惜。

他是妳尋覓很久、能讓心安住的所在，因為他給得起妳要的珍惜，所以任何條件也都能夠成立。能被保護在他的懷裡，妳終於能夠不再離群索居，決心在最安穩的愛裡定居。

P.S.

與其奢望為妳量身打造的王子，
不如與一個珍惜妳的人相依為命。

你們的愛情長跑，終點該怎麼擁抱

真正的愛，只有心才可以兌現，
屬於你應得的回饋，不用著急，
一天愛過一天，幸福就會這麼樣地浮現。

【心情歌單】
田馥甄／愛著愛著就永遠
徐若瑄／老夫婦
王力宏／你的愛

愛情如果會有期限，那會是多久？

走在路上，你看過幾對老夫妻，斑白了髮、背也駝了，兩雙爬滿皺紋的手卻緊緊牽著。你不知道他們的故事，他們嘟噥的口音你也聽不懂對白，但是你能讀得出來他們的笑眼，沒有愛情的成分，沒有堅定的陪伴，是不可能模仿得來。你是打從心裡羨慕的，甚至在這無害的溫馨場面，反倒讓你鼻酸，你不知道自己有沒有這種運氣，和相愛的人到老還能談笑風生。

你們，一起過了好幾個紀念日，參與彼此人生的最重要的幾個決定。在你身邊的他，打從進入你的生命開始，有如一場無與倫比的美麗大雪，覆蓋你大半個青春歲月。

這是你們的幸運，在自己最好看的時候，遇見彼此。你不用再離群索居、習慣孤獨，更不怕誰把你讀成一翻即過的極短篇，而是將你當作一本雋永的長篇小說，細細品味。

你們的愛情，讓時間擀成一張緊密的人生。你們是難分難捨的戀人，是互相扶持的伙伴，是談心的朋友，是倚賴的心靈伴侶。身兼多職，是相愛過程中，必然承擔的甜蜜負荷。

但是這樣的愛情，就像是一盆燒得不冷也不燙的水，在夏天時不覺得涼，進入冬天，你才會忽然被凍得發抖。對未來的迷惘，是一顆顆埋在心底的地雷，你不知道什麼時候會踩到，但爆炸的時候，誰也無法倖存。

真正的愛，
只有心才可以発現。

參加朋友婚禮的時候，禮歌的旋律一放你就雞皮疙瘩，好像幸福被具化，就這樣被播放著。聚光燈投射在新人身上，你隱沒在陰影裡，忽然覺得淒涼，長長的紅毯，不知道什麼時候才能踏上。

「你是幸福的」，這點你從不懷疑，你已經將此刻擁有的快樂，寫成一篇篇文情並茂的文章，但你害怕的是，未來的靈感，要從何處去找？

你最常被問的問題是：「交往這麼久，什麼時候要結婚？」

他們問的時候只有滿臉的興奮神情，你給出模稜的回答，卻也是幸福的羞赧。只是日子一長，下次你再聽到類似的問題，已經是從風聲裡耳聞：「他們交往這麼久，怎麼都不結婚？」一個冷不防的破題，直取你內心裡的最大要害。

相愛的日子，是一張又一張撕下的月曆，為此爭執的頻率就像春夏的颱風，偶爾安穩通過，偶爾氾濫成災。人都怕未知的將來，「得過且過」是不得不選擇的辦法，你不明白，明明是如此風平浪靜的湖畔，你怎麼還要過得如此心驚膽戰？

於是你懷抱著這樣的念頭，繼續將日子一頁一頁地翻。你們仍會以彼此的默契一同計劃旅行，偶爾浪漫的過過節日，你們早已把彼此的家人當作自己的看待，將彼此放到人生，放到自己的未來。

你們的感情是滲透土壤裡的養分，在日復一日的好天氣，開出一朵朵的繁花。

如果幸福可以描繪，那麼擁有他的每個當下，就是寫生的最佳風景。你終於明白，一成不變也有一成不變的可愛，只要安全感仍舊飽滿，誰也不能說這愛情不夠漂亮、燦爛。

過去，你是婚姻的信徒，所以嚮往能夠有始有終的幸福。不過，當你發現一張證書，也無法騰寫共度歲月的來龍去脈，想來不過只是形式，你所擁有的早已超支。

其實，愛情的結尾，有不同樣式的甜美。

如果標的準確、方向正確，而彼此的信任明確，那麼這場愛情的長跑，就不該有多餘的膽怯。真正的愛，只有心才可以兌現，屬於你應得的回饋，不用著急，一天愛過一天，幸福就會這麼樣地浮現。

P.S.

沒有一場幸福的結論，會來自慌亂的爭執。

未來該怎麼走，往哪裡去，你們要的只有共識，而非無意義的毒誓。

在沒有你的城市裡愛你

【心情歌單】
張雨生／天天想你
林依晨／孤單北半球
Mojo／我在想你的時候睡著了

遠距離的戀愛，就像是在兩個城市上映的同部電影，你們會各自買票進場，被同樣的笑點逗樂，在同樣的感動中落淚，然後在某句對白裡，想起了對方。你們給彼此的愛，再怎麼遙遠，也不會被任意改寫情節。

誰不希望有個比例尺，讓分隔兩地的愛情，不過只是地圖上的那幾公分距離而已。

現實生活裡該面對的，總是無可避免。當你們必須身處於不同的地域，首當其衝的，不是因變動所造成的感情震盪，而是該如何去適應少了對方後，把這樣的空缺活成日常。

那張最熟悉的臉，只能出現在視訊的方框裡，還會因解析度而失真；他的聲音，在耳機裡如此靠近，卻又遙不可及；甚至連發個訊息問候，當他看到，可能也早已過時。你們開始習慣用文字交談，也會在不同的生活頻率裡，抱著手機，想著對方直到睡著。於是等待，讓思念佔滿了日記本，每翻一頁，又過了一個沒有他在身邊的夜。

牽手、逛街也好，無聊的嬉戲打鬧也罷，原來最讓你懷念的，不是什麼浪漫的橋段，而是那本來你以為早已過膩了的、一如往昔的平常。

當分離成了長期抗戰，寂寞的空襲，以及在想念裡的顛沛流離，再堅韌的心，仍免不了膠著在難解的習題。

你不知道自己的傾訴，會不會被對方當成一種口說無憑；你們漸漸失溫的安全感，會不會冷卻對彼此的熱情。如果，即使只有那萬分之一的可能，誰挨不過距離的挑釁，你們的愛情，會不會在這錯誤的時空，讓兩個對的人，從此分離？

任誰都一樣，在見不著對方的時候，都會心生畏懼，都會胡思亂想。你是如此，他亦然，沒有人例外。

你很想知道，在他的城市裡，天氣是否晴朗；你很想知道，在他的生活裡，你有沒有錯過了什麼；你更想知道，在看不見的時候，你有沒有安然地住在他的心上？

其實，在你們難捨難分的當下，有個信念，已從你們兩人的愛為起點，把相隔的距離拉成一條線，讓如繁星的思念，遞送到彼此身邊，貫穿成一個面。在這花花世界裡，彼此都確信，還是有兩顆心，各自在看不見對方的城市裡，互放光亮。

遠距離的戀愛，就像是在兩個城市上映的同部電影，你們會各自買票進場，被同樣的笑點逗樂，在同樣的感動中落淚，然後在某句對白裡，想起了對方。你們給彼此的愛，再怎麼遙遠，也不會被任意改寫情節。

重要的是你們能否緊握這難能可貴的票根，如同牽著彼此的手，在未來重逢之時，兌換彼此的人生。

或許，不曾受過距離考驗的戀人，難以體會想念的甜蜜，是如何滲透進愛情之間的縫隙，成為鞏固的力量。所以你會懂得，兩個人不是非得要生活在一起，即便不能零距離的靠近，還是能豢養彼此的心，共同成長、一起努力。偶而寂寞還是會很猖狂，但至少你們都知道在哪裡，能夠找得到對方。

不是在心裡，就是在奔向彼此懷裡的路上。

P.S.

距離會劃出經緯，讓想念處在不同的時差，
只要兩人的心都相信愛、相信彼此，才能無遠弗屆。

若拿愛情相較，會連幸福都賠掉

彼此若能在相處中互補，讓所做的努力都只為了幸福，
這樣一來，或許也就沒有什麼好計較的了。
你們的愛，你們做主，只要對得住愛情，那就誰都不會輸。

【心情歌單】
蔡健雅／雙棲動物
陳綺貞／Self
魏如萱／好嗎好嗎

從相愛的那一刻起，「你」和另一個人，就成了「你們」。

曾經，你們只是兩個不同的個體，以愛為名黏著後，結合地毫不費力氣。你們相吸，偶爾難免也相斥；分隔兩地時會相思，最常做的則是相伴，你們趣味相投，你們相親相愛。可到了後來，你們開始「相較」了起來。

比較誰多愛對方一點、誰付出更多一些，巴不得找個秤斤論兩的天秤，從生

活的細微末節，到洋洋灑灑的事件，彷彿非得爭個高下優劣，就拿不到愛情的主導權。

起初，你們要的勝負，不過只是一種良性競爭。你不想讓自己的愛默默無聞，於是用試探的口吻，告知對方你愛得有多認真。你想激發他不服輸的本能，好讓他的給予有多過於你的可能。這樣的你或許有些孩子氣，也可能是潛意識驅使你去爭取，原本並非惡意，最後卻失控成了比較級。

你們開始針鋒相對，執意地去計較誰勝於誰，像是愛情裡的諜對諜，為對方付出，只是不想認輸。你們對彼此的要求，近乎苛刻，因為沒有人想在愛裡吃虧，所以變得錙銖必較。甚至在瀕臨燃點的爭吵時，還冷不防地拿對方和前任情人比較。

任誰都知道，「比較」是愛情的禁忌；誰會不知道，一旦踩中了這個地雷，傷害在所難免。於是一發不可收拾，從芝麻蒜皮的小事，也能延燒成搖搖欲墜的信任危機。

然而，當你們跳出這渾沌的晦暗情緒之時，可曾還記得相愛的當初，你們是如何不計代價地付出。不分你我，甚至是爭先恐後，只擔心自己做得不夠多，委屈了對方。

兩個人能在一起，就沒有什麼原因能抹去愛情的初衷，只是時間會讓彼此習慣於愛的存在，以為愛可以放在那裡不會變質，於是兩人開始有了多餘的心力，以藉口和理由來責難對方，就算再倔強也問心無愧。

即便每每真能分出高下，然後呢？自始自終，勝負根本毫無意義，勝者若能為王，敗者就得是你攜手相伴的他。你們既然無法切割，誰贏誰輸，那有如何？爭得面紅耳赤，可最初不也愛得臉紅心跳。**既然愛是基底，比較的結果，不過也只是在驗算愛情的濃度。**但是，用傷人的語言拔得頭籌，卻因此賠掉幸福，這樣的戀愛未免過於辛苦。

記得時時提醒愛裡的自己，不去精算感情的刻度、不去量化誰的付出，既然是愛，就無法用言語說服，也別急著要將對方馴服。既然生活是由兩人共築，彼此若能在相處中互補，讓所做的努力都只為了幸福，這樣一來，或許也就沒有什麼好計較的了。

你們的愛，你們做主，只要對得住愛情，那就誰都不會輸。

P.S.

如果一定要做什麼比較，那就比誰能多愛對方多一點，至少不服輸的你們，能就這樣一直愛下去。

實現了愛情，就得面對現實的愛情

愛，永遠是彼此面對未來的始終；
錢，卻是談了即傷感情的元凶，能讓兩者共存的唯一方法，是在有限的讓步中，挪出一塊讓彼此安身立命的空間。

【心情歌單】
四分衛／愛情夾在麵包裡面
謝和弦／於是長大了以後
林俊傑／學不會

人們總說，「愛情無價」，你曾經非常認同這句話。

你不擔心揮霍，只擔心錯過。沒有賠本的愛情，只有愛不到的惋惜。所以你耗費大把時間，去追尋愛的機會，消費許多過程，只為兌換一次相愛的可能。對你來說，只要能愛，其他都不算太難。

每年的生日願望，你總會留一個給愛情，好像只要愛情實現了，你所嚮往的幸福，也能就此成真。後來，有個人從你的眼前，住進了你的心裡，你知道就是他了，他來兌現你的願望了。你等待的寄託、想像中的理想條件，像是複印般，在他身上完整呈現。在愛情裡，你們身心靈契合，誰有主見，另一個就附和。日常時候，你們少有僵持，更沒有爭執，溝通在你們之間，用不著擔心短路。

可是，兩個出生自不同原生家庭的人，用彼此根深蒂固的觀念去共組一幅未來拼圖，終究會在金錢觀的一角，碰上了阻礙。你們談的不再只有純粹的愛，更多的是，那所謂的麵包還有責任。

原本，你們只是在各自的口袋裡付出，幾次約會、幾場電影，幾個精心準備的禮物，已經算是最熱絡的花費。如果把話說得現實點，這不過是愛情之中必然的投資罷了。但是，當你們讓愛情的引力，將彼此的生活拉近，然後重疊，很多事情就再也分不了你我，而是共同持有。

於是，從用錢的意見分歧，到價值觀上的落差，一點一點地踩熄了曾經因愛而越燒越旺的火花。你發現愛的無價，在為現實各執一詞的當下，根本派不上任何用場。你們說的都有道理，可是取不到平衡，就是無理。

望向你們的未來，談及共組家庭、生兒育女，哪一點不需要金錢做為基底？感情可以給得大方，但錢還是非得錙銖必較，不為別的，只為生活得安穩，只為握有明確藍圖的將來。價值觀的互相認同，是你們必須談攏的生意。

你看過很多因為現實而摧毀愛情的實例，你明白若童話故事裡沒有城堡，而是平房，結局勢必完全不一樣。所以，你更加謹慎看待，不讓銅臭味瀰漫而掩蓋掉愛情的芬芳。

但，那些相愛的初衷，你們還記得多少？雖然愛情餵不飽肚皮，卻是兩人共同築夢的養分，物質上的需求，可以為生活加分，卻不是無可替換的根本。

愛，永遠是彼此面對未來的始終；錢，卻是談了即傷感情的元凶，能讓兩者共存的唯一方法，是在有限的讓步中，挪出一塊讓彼此安身立命的空間。唯有用愛情打地基，用麵包來裝潢，才能建構出專屬於你們的城堡。

若再和現實對峙，你不妨回想，這盼了多久才到來的愛，你有失去的本錢嗎？會不會也許就那麼一個閃失，讓原先溢滿的幸福，從此就這樣化為灰燼？

零碎的現實問題，確實會讓人忘記愛情的初衷，何不聰明地跨過這分歧的路口，讓所有問題在發生的當下佈滿愛與溝通，那麼如此願意相依相戀的兩人，怎麼會不越挫越勇？一旦決定愛了，就是最大的勇氣。

P.S.

金錢能買到現實的富有，但愛情用再多的鈔票也難買真心。一想到這裡，就會擔心自己還不夠珍惜。

【心情歌單】
方大同／特別的人
魏如萱／買你
范瑋琪‧張韶涵／如果的事

如果在意，就請別只說沒關係

像是一場長跑，你勉強跟上他的步伐，卻氣喘如牛，
這樣的愛情尚可讓你維生，
但你心裡很清楚，自己並不快樂。

感情久了，你似乎很習慣在遇到和自己不對盤的事情時，以「沒關係」這句話來草草帶過。

但很多時候，你的「沒關係」往往包含著說不出口的無奈。起初，這是你的溫柔，你不想讓對方為難，所以心甘情願地退讓，你認為，你們之間的感情有個平衡點，一旦有所傾斜，你總會想方設法努力維持在那最理想的範圍。並不是對方不努力，而是你亟欲付出，你也沒有想要責怪他的意思。

然而，這份努力像塊海綿，日日吸收著你付出的汗水，逐漸沉重，終究成為你不堪的負荷。你也曾想過，不想再這樣百般配合，但你的愛仍是這麼多，多到你捨不得對方因此而改變自己的生活。再者，愛情是有記憶的，任何突如其來的改變，都會發出警示燈號，誰也說不準。若是擅自更動，你深怕會引發其他意料之外的變化。

於是你配合，配合每一個未必如你所願的動作，好換取他的認可。你讓自己黏滿寫著他的習慣的便利貼，好讓自己的潛意識不斷提醒著該怎麼做，才能成為完美的另一半。

可是你仍然力有未逮，為了讓自己的節奏，能配合上他的旋律，聽不出一絲瑕疵，你總是牽強臨摹，在能力有限的範圍，你盡可能與他雷同。像是一場長跑，你勉強跟上他的步伐，卻氣喘如牛，這樣的愛情尚可讓你維生，但你心裡很清楚，自己並不快樂。

也許你聽過，愛一個人就是要無條件的付出，這沒有錯，卻必須有個前提。

因為愛是互相的，甚至可以說是責任制的，每個人在享受被愛的過程中，勢必也要學習如何去愛人。你不能因為對方的懶散和怠慢，就扛起所有愛情裡的重量，不是你沒能力，而是總有些事，你能力仍有所不及。

你不可能一個人能騎好協力車，也無法一個人能跳好雙人舞，你總會有做不到的時候。所以，你不能一直說著「沒關係」、「我可以」，因為沒有任何人有這種偉大，可以把兩個人的愛情，單憑一己之力就詮釋得淋漓盡致。相同的，對方也是如此。

若你只是一味地附和，那麼，你的重要性就像是電子發票下的那串明細，僅供參考，看過即丟掉，用不著挪空間存放。

愛情這首對唱情歌，寫好的詞、譜好的曲，終究要兩人合唱，才能詮釋箇中的意義。誰來主唱、誰唱副歌，並沒這麼重要，重要的是你們一起為這份感情努力，而且是彼此的必需。

如果你將這份愛情視為無可取代的唯一，就別搶著委屈，就別再只是說著「沒關係」。老是將內心話放在心中，那會讓愛情無所適從，怎麼愛都言不由衷。

溝通是土壤，磨合是陽光，唯有兩人為愛共同灑下的汗水，才能滋長成一朵綻放的花。

P.S.

愛情就像拼圖，一個又一個彌補缺口的組合，
才能成就出屬於彼此的人生藍圖。

安全感像空氣，少了它，誰都得窒息

【心情歌單】
王力宏／安全感
楊丞琳／孤獨是一種安全感
韋禮安／還是會

你還是會去愛，仍然享受愛情的心跳，
只是你總要說服自己，「背叛」是偶發，不是常態，
不能老是拿出過去的創傷，要現在的人承擔。

你之所以單身，或許是認為只要一個人，就沒有誰能傷害你。

你始終沒有忘記，曾經在感情裡，被欺瞞的那種後作力。你曾經多麼信任眼前的真心，像是不畏高的孩子，只要有他領著你，只要他說「別擔心」，攀爬得再高、走得再遠，你也不會有半點遲疑。

可是，他就這樣辜負了你的心，把你帶到如此靠近天空的幸福之後，這麼一

放手，你幾乎就要粉身碎骨了。從此你患了懼高症，再也難以安身在誰的懷裡，越是聽清楚幸福的腳步接近，你越是膽戰心驚。

之後，你還是會去愛，仍然享受愛情的心跳，只是你總要說服自己，「背叛」是偶發，不是常態，不能老是拿出過去的創傷，要現在的人承擔。

但你發現了自己的口是心非。你向來鄙視窺探他人隱私的行為，但你卻恨不得一眼就能看見他上鎖的簡訊內容；你厭惡頻繁的查勤，卻只是抱著手機，望著時鐘胡思亂想。沒能見到他的時候，想念和猜疑瓜分著等待的比例，一想起他參加的聚會總有幾個條件不錯的異性，你的心就無法冷靜。

雖然也曾試圖假裝自然，多麼的識大體，但行為表徵若不是從心裡延伸，怎麼做都是東施效顰。日子久了，你迷失了自己，不是因為找不到愛的痕跡，而是過去的陰影在你心頭狂妄地插旗，你無法在每個相似的對白和情節裡，不記憶起那些傷透你的曾經。只要是大於零的機率，你就無法睡得安穩，更別說在忽視中苟且。

你想要的不過只是一份安全感，不會中途離席，沒留給你懷疑的餘地。知道這麼做你會心寒，所以才將你擁抱得更緊。不讓你逞強，更不讓你放心不下。

這樣的安全感說來不難，甚至極其簡單，只要有愛，任誰都給得起。但你不想強人所難，也絕不讓步。安全感是建築兩人藍圖的必要地基，偷工減料的感情，你承受不住，不夠堅定的心，你更是玩不起。

你很清楚，不能因為生過一場大病，就從此壞去體質，弱不禁風到要人攙扶。你得適應和自己對話，不去信奉光憑控制，就能擁有安全感的謬論；你得練習將對方遞送給你的善意，以信任交換。甚至，你要狠下心地回到曾讓你傷心的案發現場，看清使你受傷的，就只是出自於那個丟棄你的人而已，不再不明就理地，讓過去的意外，在往後的感情裡如影隨形。

你將學習到，如何在彼此心中，種下一顆安全感的種子。等待來日方長之後，以兩人的耐心灌溉，讓習慣變自然，從此不再計較，即使沒有完整的陪伴，也不再寢食難安，一個人也能好好地獨享晚餐。

安全感，就像是一把能夠打開彼此心門的鑰匙，除了自己保留，也給對方一把備份，從此便不用擔心誰會落單在門外。不給對方任何操心的可能，維持感情的平衡，任誰都無法卸責。

P.S.

安全感猶如我們賴以維生的氧氣，唯有你給得起時，愛才能呼吸，若你給不起，任誰都得窒息。

相愛只要一瞬間，相處卻是一輩子

漸漸地，你將明白，愛情之所以不那麼簡單的原因就在於，
時間會如剝洋蔥般，一層一層地將最浪漫的表面褪去，
僅留下最赤裸的你和他。

現在的你終於發現了，愛情是會隨著時間，慢慢變得不一樣。

這般的改變，並非是因為愛變質了，你知道你們仍如最初般地愛著對方。想起當時，還在曖昧以前，就早已認定未來的走向。因為擁有吸引彼此的條件，好感是包不住的火焰，於是相愛變得簡單，這是你們的幸運，不用繞個好大的圈子，就能找到彼此。

【心情歌單】
張學友／用餘生去愛
莫文蔚／愛情
梁靜茹／絲路

可是，相愛僅是起點，往後的日子該怎麼過，才是重點。更要緊的是，你們將以什麼樣的表情，一起走到終點。幸運，終究只能讓你遇見對的人，但要走得長遠，則是另一種能力。

一開始，愛情就像那些暢銷金曲，無時無刻都能不自覺地哼出旋律。生活也像偶像劇，如蜜的言語怎麼聽都有趣。一天二十四個小時怎麼也不夠用，短暫分離簡直像度日如年，見不著彼此就叨叨念念。期待每天醒來，晚上不忍睡去，有時候連你也不免覺得自己誇張，但愛情就是這樣，再理智的人都會為它瘋狂。

短跑的狂戀，任誰都可以傾全力奔馳，但你心裡明白，這次不像是年輕時的速食愛情，你要的不只有現在，還有更多的將來。

你瞭解，倘若沒有磨合過的磨合，沒有相處過的相處，沒有繞過一圈又一圈的折磨，你們心中渴望的天堂，將遠得無法到達，甚至難以想像。

總有一天，時間會教會你如何去敲愛情的門，那是青春的練習，是未成年時偷喝的第一口酒，嗆得讓你來不及懂得品嚐這滋味。

所幸，你已經不是從前的自己，你學著品酒，知道什麼樣的酒對自己最順口，也不再拿起烈酒胡亂乾杯了。愛得越久，你越是明白你所需要的，不是拿愛情將自己灌醉，而是在日復一日的續杯中，保持微醺的清醒。

漸漸地，你將明白，愛情之所以不那麼簡單的原因就在於，時間會如剝洋蔥般，一層一層地將最浪漫的表面褪去，僅留下最赤裸的你和他。

無論好的、壞的，就這麼樣被攤在彼此眼中，就算難免觀念不合，也會互相指責，但那都是稀鬆平常的調劑。即便你也曾賭過氣，想著會不會沒有他，自己也能過得很好，但緊接著一盆冷水潑下，你知道哪能離開得了他。

原來，那些存在於你們之間的爭執，都不是冗言贅字，而是相處的過程中，被紀錄下的番外篇章。

也就因為你們曾經共同寫下許多華麗詞藻，才會讓往後的文字相形失色，但這並不代表江郎才盡，而是鋪陳故事的未完待續。

這輩子有多長你們不知道，你們只曉得在一起的時間，片刻都不能浪費。相處是修不完的學分，沒有大功告成的一天，箇中的苦甜成份，你們放在心裡細細品味。

如果有一份愛值得你擁有，那麼，用一輩子的時間來守護，一點都不奢侈。

P.S.

這世上最美好的事，就是相愛的兩個人，
能夠從相識、相戀、相處，最後相偕到老。

第三部／

完成式
學習中，沒有非誰不可的幸福。

那止不住的眼淚，
和好幾晚的夜不成眠，
若不是深深愛過，
心也不會隱隱作痛。

悼念死去的愛情，
都只是為了找尋，
沒有非誰不可的幸福。

給自己，沒有非誰不可的幸福

其實，誰離開了你，
你都活得下去，
因為愛情，從來就不是非誰不可的。

【心情歌單】
孫燕姿／我要的幸福
劉若英／幸福就是
丁噹／只是不夠愛自己

自從失戀之後，你只用眼淚寫日記。甚至你認定，此生再也遇不到一個能讓你這麼愛的人了。

你不是故意要消極度日，而是見識到自己的能力所及。你不知道究竟是哪個部分出了紕漏，才會讓你給出的真心付之一炬。談起愛情，你總是竭盡心力，如果能給得出一百分的努力，你就會一絲一毫都不留給自己。

尤其碰到他，這個幾乎就要讓你將他與「幸福」劃上等號的人，他給過你無限的希望，卻也在離開的時候一併帶走。有人說愛情像衣服，脫掉了一件，再換上另一件即可。只是，你給他的愛成了你的肌膚，要怎麼褪除，還真是一點辦法也沒有。

失去愛情的日子裡，你曾有過許多負面情緒，縈繞在沒有他的午夜時分。你難過的不只是因為你一無所有，而是你曾經擁有。那樣的幸福是一個不虞匱乏的星球，可是他的道別，瞬間將你帶到真空的宇宙，因為他一直是你仰賴的生存元素，過去如此，而未來也本該如此。

於是，你理所當然地荒廢了自己的生活，幾乎就要認不得自己從前的樣子。你做了和大部分失戀的人差不多的事，將自己灌醉、把沉淪當做救贖、用逃避蓋成死路、躲藏在暗處緬懷往事，懷抱著那些死去的幸福。

日復一日，然後年復一年，悲傷就像隨時會發作的氣喘，每一次都是劫後餘生。你不曉得，**原來自己最有恆心與毅力的，就是「傷心」了。**

當初，你沒想到擅自將他的名字和你的未來掛勾後，竟會成了你從今往後都無法擺脫的負重。即使你告訴自己，不能再這樣下去了、要重新開始，卻都只是一句句僅供參考的鼓勵。看來，好像再怎麼努力、有再堅定的決心，只要一個踉蹌，那些對於未來的美好憧憬也就搓揉成細小的粉末，在風中就吹散了。

然而，生命中本來就存在著許多讓我們無能為力的事情，因此，伴隨著你共生的，尚有許多意料之外的力量。

回首這段為逝去愛情苟延殘喘的日子，為你跌跌撞撞勉強撐住的，不光只是你一個人的努力。你身邊有太多關愛的眼光、太多雙為你伸出的手，緩衝著你向下墜落的速度、接捧著你滴滴落下的淚水。若不是這場醒不來的黑夜，或許你也不會察覺，身旁這座螢火蟲草原，那些點點微光，努力地想照亮著你那愁雲慘霧的憔悴臉龐。

有好多次，你幾乎就要放棄對幸福期待的執念了，或許會再遇上對你好的人，但也只是複製品，因為最好的，已經遺落在過往的回憶裡。

然而，在你得過且過的日子裡，也許就真有這麼一個人，真有那麼一股傻勁，要讓你知道你是一個多麼值得幸福的人。他不怕被你無意冷落，一心只想找回你從前的快樂。就算你嫌他煩，他也無所謂，總不厭其煩地為你掘開深陷的泥沼，從不擔心到頭來會徒勞無功，只要你願意再相信愛一次，這就是最理想的溫柔。

這份感動，像是在雨不停歇的城市裡潑灑出久違的日光，讓遺失幸福記憶的你，重新找回了關於愛的念頭。

一直以來，你的心破了一個洞，你要用這樣的痛來提醒自己，過往與他的記憶是多麼無可比擬。你害怕他的影像被覆蓋，你不想要那麼美好的畫面被沖散，所以在潛意識裡，把關於他的全部、包含你想要的未來，一同掩埋在內心深不見底的角落。

誰離開了你，你都活得下去，
因為愛情，從來就不是非誰不可的。

你帶著這樣一個殘破的軀殼、經過這麼多不寂寞的路口、承受這麼多給你勇氣的力量，然後在沒有任何預期的偶然時刻，你遇見了他。

終於，你才肯放過這麼一個無可救藥的自己，你才肯給自己再去觸碰一次幸福的機會。**其實，誰離開了你，你都活得下去，因為愛情，從來就不是非誰不可的。**

你可以選擇單身，讓空下來的心被充實的生活給填滿，在自由裡不必仰賴誰的溫存。又或者，你也可以再相信被愛的可能，只要當你願意和對方好好過日子、緊牽著彼此的手，被你們握在手裡的自是一份圓滿。

P.S.

幸福是一張不記名的票券，不分對象、時間以及未來，
形式就寫在你心上，是那一份能夠給你真切快樂的感覺。

愛情不是選擇，是一種物競天擇

【心情歌單】
蔡健雅／達爾文
Ella／浪費眼淚
謝沛恩／旋轉門

感情的夜盲症，讓他注視不了你竭盡所能為他綻放的光芒，
你們一起經歷過的曾經，
也抵擋不住他被偶然出現的光點所吸引。

如果愛情只是「我愛你」、「你愛我」的遊戲規則，或許，走在通往幸福的路上也就不需那麼一波三折了。

關於談戀愛這件事，你從來就沒有與生俱來的才華。年輕的時候，感情如此純真澄澈，遇見喜歡的人，就奮不顧身地愛他一場；不喜歡對方，也沒有什麼好勉強，當不成朋友，就不相往來，事情就這麼簡單。

「愛」原本就是兩人的事，倘若有一天愛情還是無疾而終，關係人只有你、他，不是你不夠盡力，就是他努力不足。但你終究還是要面對，隨著愛的次數越多，在愛裡見多識廣之後，單純似乎成了一種奢望，在這個情感交錯的染缸，任誰也無法置身事外。

我們都有選擇「一次只愛一個人」的機會，這對你來說並不難。偏偏有些人的感情觀，注定攀滿了愛的貪婪，而你永遠無法制約。哪怕是少量的鮮紅誘惑，就能暈染整面的純白，不夠有本事去奪得他注目眼光，就算你再好，也只能等待被淘汰。

你從來就無須質疑「你是愛他的」，但要一再說服自己深信不疑的，卻是「他是愛你的」。你用心維護這段感情，不成為他的負擔、挺起肩膀讓他依靠，努力扮演好他喜愛的角色。

即便當不了一百分的情人，你也幾乎付出了九十九分的自己。對你而言，愛著他不是誰給的責任，而是你應盡的本分。所以你從來就沒有別的選擇，即便是看遍了整座星空，你也只對有他的閃爍情有獨鍾。

但他與你不同，感情的夜盲症，讓他注視不了你竭盡所能為他綻放的光芒，你們一起經歷過的曾經，也抵擋不住他被偶然出現的光點所吸引。你出聲、你呼喊，他沒有側耳傾聽，瞬間就讓其他的鶯聲燕語給侵襲。

你哪裡不夠努力，哪裡有比誰還要差勁？這沒有正確答案，只有他做的決斷。

兩人積累再多的過去，也抵擋不住新鮮感的推翻；愛情曾有過再美好的姿態，也攔不住新人的笑臉。你有很多的愛還來不及給，但他喊停、將你替換，他的愛情也隨之洗牌。你這才終於見識到愛的不講理，也難怪臉書的感情狀態，只要幾個按鍵就能說改就改。

於是，愛過幾次、傷過幾次，你還是臣服於愛情裡的進化論；幾次競爭、幾次犧牲，你明白愛情裡，適者生存的法則。相愛或者分開，專一或者腳踏兩條船，有些事終究是你控制不來的。

最終，你能做的不是跟著賣弄心機、去爭奪那不屬於你的愛情。你還是願意相信，會有個人一心一意愛著你。在這之前，不是誰將你淘汰，而是他們用自己的錯過來退場，留下的就是只屬於你的幸福。

P.S.

誰說，你的愛情只能交由其他人抉擇？

只要你願意對自己負責，以不傷害他人為準則，你的幸福，你自己選擇。

喊停之前，要愛到不能再愛為止

你們沒有犯什麼滔天大錯，只是不適合，
就像在晴天撐傘，雨天曝曬，只是不合時宜。

你很想說「你盡力了」，可是那又如何？兩個人還是傷得一塌糊塗。

原本，你已經相信你們還有很長一段路要走，從沒想過要半途而廢，你們的感情不曾寫著「放棄」。偏偏，時間像是會讓愛情質變的化學反應，弄亂了兩人的步伐，使你們無以負荷加諸於彼此身上的重量，於是兩人將不滿累積成堆，還有解釋不完的誤會。真有幾個瞬間，你覺得好累。

可是，有哪段感情不會圍繞一些是非的呢？即便有再多負面的念頭閃過，你

【心情歌單】
韋禮安／別說沒愛過
陳奕迅／可以了
梁靜茹／我們就到這

還是一直認為，愛本來就會如潮汐般起落，所以你等，等過些時日自然就會回到原有水位。

然而，年輕的你們還是太過逞強，沒有察覺彼此之間早已築起一道圍牆。你想退讓，但他步步進逼；你想認輸，但他趁勝追擊，這樣的模式屢試不爽，沒人喊停、沒人曉得這樣的相處不可行。或許，你們都對彼此太放心，不知道事情的嚴重性。滴水穿石，這樣的對峙終究讓你明白到，你們的不合適竟也成為習以為常的感情樣式。

你不是沒有想過要努力，只是好幾次的溝通，都變成各執一詞的對質。你們覺得這份愛太理所當然，才會爭論得喋喋不休，驕傲得理直氣壯，然後一再地惡性循環。或許，長期生存在永晝的極區，哪裡還記得永夜的冷冽，遙遙無期的共識是壓垮你們的最後一根稻草。

最終，你們還是得去了結這道越繫越緊的死結。只是，當你手上握有這場感情的生殺大權後，才驚覺這是把雙面刃，誰都不可能毫髮無傷地退出。

你遊蕩在難以抉擇的十字路口，
失魂落魄地看著路燈時亮時滅，
你哪裡會不知道，
一旦做錯了決定，
就會讓所有萬劫不復。

你從來就沒有下定決心要當個壞人。你是收集了多少的灰心和失望，才能咬牙將罪名給背負起來，一個人承擔。

你遊蕩在難以抉擇的十字路口，失魂落魄地看著路燈時亮時滅，你哪裡會不知道，一旦做錯了決定，就會讓所有萬劫不復。這麼長時間的相處，你哪裡可以平心靜氣地接受，這段感情竟要由你親手翻覆。

幾句話就足以扼殺了這段感情，說什麼都一樣殘忍。你曾不只一次問自己同樣的問題：「還愛不愛他？」難道，沒有別的方法可以留下？尤其在他哭喊著求你別走，你無法不心軟。

但你要面對的真相是你無法再欺瞞自己，那顆愛他的初心早已不在。

時間在走，心也是會變的，你們多的是機會磨合，卻都成了無謂的拉扯，你們幾乎已把對方看得透徹，被留下的，壞的卻遠比好的更深刻。

當然，在他的悲求下你可以選擇不離開，但是你太瞭解他了，你們的問題從來不是在這一朝一夕就可以更改的表面，而是深存在彼此靈魂的本質。

你不認為將兩人繼續綁在死結兩端，會是愛情的延伸，當你推開阻礙在你們之間的那道門，你明白，你們要的幸福歸屬，都不是住在裡頭的彼此。

放手後會面對什麼輿論，你是無法制約的；畢竟，你著實傷害了愛你的人。雖然，你也不敢確定和他相擁哭泣的情緒是愛還是不捨，但你對不住他是無可厚非的事實，而你的內疚便也注定將長伴左右。

這段感情，曾是牽絆住彼此的引力，但也不得不承認，你們相處的過程圍繞著太多不愉快的壓力。你們沒有犯什麼滔天大錯，只是不適合，就像在晴天撐傘、雨天曝曬，只是不合時宜。

沒能長相廝守，固然會讓人在日後的回憶裡惋惜，但在尚未被吞噬殆盡的緣分前放手，至少還能成全彼此來日方長的餘生。

P.S.

只要是曾經用力愛過的兩人，任誰都有權利先喊停。
前提是要努力到最後一份努力，愛到不能再相愛為止。

他要的是陪伴，不是妳想要的戀愛

如果能夠早點看清自己所受的傷，或許就能避免一場災難般的愛情。
只是，妳總說服自己接受這樣的對待，
刪掉任何對自己的質疑與對他的猜忌。

他說他單身很久、沒有女朋友，所以妳放心地推展你們的關係。

他就和多數妳喜歡過的男人一樣，體貼、溫柔，而且還很幽默，只是格外多了一份神秘感，更加撥弄著妳想要窺探他內心的慾望，妳為此深深著迷。妳喜歡聽他說話，充滿了自信與想法。對妳來說，他的世界就像是迷幻的煙火，在妳瞳孔裡閃耀，即便總是仰望著他，那也都是幸福的視角。

【心情歌單】
蔡健雅／無底洞
梁靜茹／比較愛
A-Lin／幸福了然後呢

後來，妳放在他身上的感情層層堆疊，卻還是對他一知半解。他對妳好，而妳也滿足於每一份來自於他的快樂，但那不踏實的感覺始終無法蒙騙妳的心。妳不知道該用怎樣的稱謂來向朋友介紹他；想念的時候，也不知道可以在哪裡找到他；妳無法定義你們之間的關係，是真實存在的愛情，還是各自闡述的兩個人。

向來，他就絲毫不避諱自己的不安定，也總能表明自己的遊戲規則。他不打算為妳調整已既定在他生活的部分，你們的互動更像是願者上鉤，他沒有勉強誰，是妳隨波逐流。起初，妳對他的喜歡大於一切，所以無條件追隨，然而日復一日，妳仍舊只能在他身後追趕，妳身體不累，但心已疲乏。

偶爾，腳步越趨緩慢之時，不只一次出現在妳的心裡的是「放棄」這個決定，但每到關鍵時刻，他總會若無其事地用妳喜歡的笑眼、溫柔的語氣將妳留住，暖和了原先因失落而打著冷顫的妳。事後他仍舊置身事外，從不在乎妳所受的風寒為何而起。

即使妳還是亟欲想要釐清他對妳的想法，而他也不下數次地訴說他的愛意，卻始終無法實現你們的關係，像是兜不攏的資訊斷層。他說「我愛妳」總是輕易，但若期望兌現堅定的承諾，卻只能敷衍了事。

於是，在爭吵不休的拉扯之後，他用「可以和妳在一起」安撫了妳的心。這句話，像是盼了一整夜的流星，總算實現了願望的妳，也為此一股腦地將自己交了出去。

但是，和他在一起並不容易。他說他缺乏對愛情的安全感，所以會愛得躡手躡腳；他說他不喜歡過度張揚，所以只需相互依靠，不要太多人知道；他說他不喜歡太過沾黏的女生，只要他有空就會來找妳；他甚至還說自己不是個好男人，愛上他就得付出很大的代價。

妳明明知道，這些要求只是表面上聽來合理，卻還是抑制不住想愛他的衝動。於是妳全盤接受，就像跳樓大拍賣，不論真假，能撿到便宜就要偷笑。

最後，妳一再委曲求全，卻只換得他劈腿後的一句抱歉。

燃燒青春後的霧霾，讓這段愛情成了一場溫室效應，失衡的生態終致反撲。妳以為將自己變得夠渺小卑微，就能被他安放在心上的口袋，卻還是在一次次的漠視裡，妳才正視自己的難堪。

而更讓人難以接受的，是妳謹守不得張揚的規定，卻成就了他在外的單身宣言。他從來就沒有想要好好和妳在一起，妳只是他偶發孤單的慰藉，妳單方面的給予，將就了雙方的和平，卻也扣住了這場悲劇。

妳就像是信手拈來的陪伴，趕上了他的寂寞。他害怕失去妳，並不是因為妳無可替代，而是暫無取代。妳的愛太經濟實惠，若放掉自投羅網的妳，會有多麼可惜。

他從來就沒有騙妳，也早已表明立場，是妳不斷貶低自己，才淪落到與他並論相提。

如果能夠早點看清自己所受的傷，
或許就能避免
一場災難般的愛情。

如果能夠早點看清自己所受的傷，或許就能避免一場災難般的愛情。只是，妳總說服自己接受這樣的對待，刪掉任何對自己的質疑與對他的猜忌。有些時候，注定要碎了一地的心，才能學到寶貴的一課。

P.S.

不要將自己放在不得見光的愛裡，往往會受騙上當的，都是自以為可以低調躲在男人背後的安靜好女人。

留戀，是為了沒有分手的失戀

【心情歌單】
曾沛慈／一個人想著一個人
楊丞琳／匿名的好友
動力火車／外套

我厚著臉皮想，或許這樣的我很有資格成為你的下一個情人。
所以我會等，等著有一天，
能在你我之間搜尋到屬於愛情的關鍵字。

我曾經幻想，如果我們就這樣在一起了，那麼，下一個聖誕節就可以共度，接下來的旅行可以一起出發，什麼都一起。

某次的不期而遇、某次不帶任何心意的訊息，讓我們就像繩子的兩端圈出了一個圓。我的生活就這樣多出了你，這不是預期，但我很喜歡這樣的運氣。我們很相似、話題相似、笑點相似，就算是不著邊際的故事，你也總能應對出捧場的默契。我們很能察覺彼此的心事，關心來的都是陣陣及時雨，幾度差點坦白想在你身邊陪伴的渴望，可是然後呢？文字刪了又打，話雖溢滿口中，但最後都還是用了輕淺的關心去概括濃烈的心情。

為了你，我成了低頭族，總是擔心錯過了訊息，肯定就要對不起自己。我不想讓你等，不想當不成你傾訴的第一人，就像起床看晨間新聞，我想得知你的第一手消息。而且我還想讓你知道，我就這麼一個人，哪裡都不去，我有的是時間，任憑你的孤單差遣。

可我無法如影隨形，所以只好將你和我分享的每件日常，當作只為我播映的電影。從你的情緒、你的語彙，想像自己在你的左右，與你無時差經歷那些稀鬆平常的小事。我記得你提過的所有名字，雖然從未見過你的家人、朋友，卻熟悉到足以在未來見面時，一眼就能認出他是你口中的那個誰。

我知道你的喜好及厭惡、知道你的生理時鐘，更知道所有關於你的小事。我厚著臉皮想，或許這樣的我很有資格成為你的下一個情人。所以我會等，等著有一天，能在你我之間搜尋到屬於愛情的關鍵字。

沒有牽過手，那我們也就沒有分手；
愛戀不曾存在過，也就談不上失去。

只是，後來忽然就換了個季節，還沒來得及見到楓紅，卻只剩一地的飄零和枯萎。

我們開始不像從前那麼熱絡，見面變得困難，你的回應也顯得精簡。我為你想了許多牽強的藉口，那是我喜歡你的證明，而我為了這出乎意料的改變，也給了自己暫緩難過的理由。

我依然一如既往的點開對話框，我們的訊息還停留在上次的已讀，然後我若無其事地詢問你的近況，卻換來不回、不讀。

我開始來回翻看紀錄，努力去憶起上次見面時，你看我的眼神，深怕自己犯了錯誤，才需要讓你這樣考驗我。我好像就快弄丟了你，但卻不能像是走失的孩子般哭泣，因為即便痛哭失聲，也等不到我要的安慰。

那幾天我睡得不好，偶爾驚醒就點開手機查看是否有你的消息。我知道哪裡找得到你，我知道打幾通電話你就會接起，但我終究什麼都沒有做。

這一切的應對，並不代表我不在乎、不代表我默許這樣的結局，只是我曉得，如果你想我、如同我想你一般，你就會來找我，你會點開訊息告訴我你消失的原因，而我們的見面才有意義。

可你什麼都沒有做，即使我偶爾耐不住想念，壓低姿態傳了些無關緊要的近況，你也一概忽視。

或許，「忽視」就是你給我的答案，就是這段時間以來我們努力的成績單。

該說些什麼呢？我的生活忽然頓失重心，而我卻沒有名正言順的台詞，向誰讀出這則故事。如果，我曾放在你身上的感情，都只是自作多情，又該如何去解釋，那段曾經屬於我們的大好時光、那些對白，還有那份絕非一般的關懷呢？

腕上的那道曬痕，是我們曾擁有過的那個夏天，我都記得。沒有牽過手，那我們也就沒有分手；愛戀不曾存在過，也就談不上失去。但我是真真切切地喜歡過你，這點我很確定。

或許，留戀是讓人不甘心的主因。而愛情要的是一份聲明，開誠佈公彼此的心意，僅只「喜歡」兩個字，並不代表任何意義。

有始有終不過是基本要求，如果沒有愛人的勇氣，至少也要有告別的誠意。

P.S.

或許有一種失戀，不用多麼轟轟烈烈的告白；
或許有一種痛，無處述說，放在心裡卻震耳欲聾。

你我都是自作自受的第三者

【心情歌單】
張惠妹／真實
楊丞琳／我們都傻
阿桑／一直很安靜

面對全心全意的付出，需要什麼程度的心狠手辣，才會任它付之一炬？你以為「信任」是愛的必需品，但對他而言卻是消耗品，他揮霍你們的曾經，給的承諾不過是贗品。

你的愛情，終究無法張揚。

如果可以，誰想要當第三者？本該純粹的愛情有了裂縫、透進光，誰也無法睜開雙眼，去注視不受控制的心房。

沒有人一開始就故意要當壞人的，就像沒有人會在「我的志願」的作文題目後寫下以自甘墮落為志向，去行乞每一頓溫飽。你哪裡會曉得，在夢裡頻繁出現的幸福，會如模板般複製在他的身上，這樣的緣分怎能不要？可是，當你知道，他的愛情已經被植入晶片，你的絕望也是轟隆作響。你幾乎就要靠近終點了，卻被宣布取消資格，你的心頓時如鐵石，把你的執著燒得發燙。

你讓自己的情感如沙漏般點點放縱，當你回過頭想回收時卻已經積沙成塔。你也曾想過，該是放棄的時候，但他卻指著方向、要迷惘的你繼續走向無盡頭的路。是他給予你勇氣，但你也同時百般說服自己，不能順理成章沒關係，你可以小心翼翼呵護你們的關係。

你明白，做下這麼一個決定，就像穿著制服翹課、翻過圍牆，從此失去被歸類為「優等生」的資格。你不配說自己問心無愧，因為你勢必要對不起無辜的人，他注定要承擔你自私的迫害，你甚至無法再擁有被祝福的可能，再也沒有人會為你的遭遇而心疼。這或許也就是做為第三者的代價。

你的愛情，只能和不甘心共存。

如果「心痛」能夠劃分等級，「背叛」無疑能夠輕易將你一擊即碎。你不知道自己哪裡做得不好，否則，晴朗的天氣怎麼會下起太陽雨？或者，會不會是感情早已出現漏洞，否則，另外一個他又如何能見縫插針？

你更在意的是，面對全心全意的付出，需要什麼程度的心狠手辣，才會任它付之一炬？你以為「信任」是愛的必需品，但對他而言卻是消耗品，他揮霍你們的曾經，給的承諾不過是贗品。

受到這樣的重傷，你想的竟然不是要怎麼離開，而是如何才能留下來。你不是便利貼，輕鬆撕下就能依附在其他地方，你的心早已牢固地沾黏在他身上。你捨不得將過去揉成一團丟棄，更不甘心你們的感情就這樣死去。有人說，不被愛的才是第三者，你尚且無法釐清這般道理，但是當你閉上眼想著的都是他們相愛的身影，忽然覺得自己的存在反倒是一種多餘。

你的愛情，面臨選擇性困難。

原本，你只是心存僥倖，沒想過一試就沉迷。不同以往的溫柔像是一種引力，拉得你走失在這迷霧森林。若不是遇見這個分叉路口，或許你們仍在樂不思蜀的旅程上；若不是肩膀上的惡魔戰勝了天使，或許你還信仰著至死不渝的忠誠。

你知道錯了，但要「改過」又是另外一種原則。你分辨不清楚「安逸」和「冒險」，哪一個才是你想要的。眼前一個是你愛的、另一個則是愛你的，倘若魚與熊掌可兼得，你的貪婪也就變成在愛裡理直氣壯的可能。

沒人知曉你是否還存有道德感，愧疚是否會在夢裡讓你為難，這一切只有你明白。是你貪心才造就了兩人的孤獨，或許你才是他們生命裡，最不該出現的第三者。

後來，你們都感受到那種兩個人比一個人更孤絕的寂寞，但你們仍執著地困頓在這三角地帶的車陣裡等待綠燈亮起，期盼一帆風順的片刻。只是，沒有人認輸就不會有出路，也就沒有人能得到專屬於自己的幸福。

沒有人認輸就不會有出路，
也就沒有人能得到
專屬於自己的幸福。

還握著遺憾、不讓愛善終的你們，都是可惡卻又可憐的第三者。或許對你們而言，你們只是守著一份執念，將心上的那個人化為無法割捨的獨一無二。因為不想錯過而緊握，但是這樣佔有的愛，終將會在你們漫長的人生裡，困阻成一個悔不當初的過錯。

其實，未來你們該償還的，就是把自己還給自己，把不該屬於自己的，一併退還回去。

P.S.

用第一人稱的視角，愛著第二人稱的他，卻只能用第三人稱，見證這不完整的感情。愛本身沒有錯，只是你們都選擇愛錯。

【心情歌單】
陳綺貞／太聰明
黃小琥／不只是朋友
藍又時／孤單心事

匯錯了愛情，會錯了意

你們的關係、你對他的感覺，你都全盤托出。他給你源源不絕的好，幾乎將你導向寫著「愛情」的站牌，但列車沒有進站，你只希望他能給你一個確切回答。

你將他送的禮物收好，睡著前想到還會偷笑。

你們是朋友，無話不談的那種，訊息欄上，他總是在最上方的顯眼位置。你們之間從沒有難以啟齒的話題，從工作聊到星座、從旅行聊到心情，然而，卻總在提及彼此的感情時，蜻蜓點水、略知一二而已。

你這才發覺自己的不對勁。不去追根究柢的原因，在於你的潛意識刻意迴避，你擔心聽到不合意的答覆，你害怕一過問就是不打自招。你對他的友情，哪裡是表面般的單純，你對他的好感與在意，昇華得差點失了分寸。

於是，你再也不能坦然地面對他，再也無法用單純朋友的聲調與他對談。你說出的每句話，都會幾經思考；你的開懷大笑也收斂不少，忽然間有些形象變得格外重要。接著，他說的每句話，你都會再三解譯；他給的關心，一秒沸騰你的心；他對你的一舉一動，你都照本宣科地請求朋友建議。

你內心很掙扎，如果被他察覺異樣，到底是好還是不好？你不只一次地想，少一個朋友，還是多一個情人？這樣的選擇題，有沒有填寫答案的必要？

日積月累，放在心底的矛盾日漸猖狂，他給你的好也讓你越發無法招架。你只是不想承認，他霸佔你生活的所有思緒，友情越界的罪狀讓你不願畫押。

你一直在等，他可以先將話說破，然後你順勢跟上。但這一天似乎遙遙無期，即便他還是頻繁與你互動，你卻只能勉強地不知所措。儘管看似風平浪靜，

他給你源源不絕的好，
幾乎將你導向寫著「愛情」的站牌，
但列車沒有進站，
你只希望他能給你一個確切回答。

可你的焦急和紛擾，總因他三不五時的日常靠近，而攪亂池水。

直到無意間，你看到他被標註在與另一人的親暱合照，想起幾天前你們還共進晚餐、散步回家，當下除了難過，更有不能言說的委屈。

下次，你們一如往常的見面，他笑成一彎的眼睛還是很好看。但是，你更在意的是他有些話沒有對你坦承，你沒有辦法對自己內心的疑問充耳不聞。原本你可以繼續佯裝若無其事，卻在他一眼看出你有心事，用溫柔的口吻關心，一顆未爆彈就這麼被引燃了。

有些話，你不知道脫口而出後，會是怎樣的收場，但你還是說了。你們的關係、你對他的感覺，你都全盤托出。他給你源源不絕的好，幾乎將你導向寫著「愛情」的站牌，但列車沒有進站，你只希望他能給你一個確切回答。

你看著他茫然的表情，心頭上還燃著期盼的火苗，幾乎都要熄滅之際，他的一句「你只是我很要好的朋友」就像一陣風，連餘燼都輕輕帶走。

原來，「朋友」這個辭彙，竟可以飄渺到難以承受。

你低下頭，很快地把武裝穿上，你不想要讓他看到你臉上像是落榜的失望。自尊起了皺褶，期待也破滅了，但你依然可以撐起笑容，在轉身之後，嘲笑這段時間以來自作聰明的賣弄。

或許，當你客觀地跳脫出來，就可以看到他所做的、所給的，與「友情」其實沒有什麼不同，是你自己糊里糊塗地陷了進去，會錯了意、表錯了情，還堅持嘴硬。

你得承認，你早就敗給他的魅力，才放大他的每個小動作，視為一種暗號。然而，這美麗的錯誤，再美麗，終究還是個錯誤。

還做不做朋友是你能決定的，但不要為了好強的面子，掙扎地假裝沒事。會錯意不要緊，重要的是，這段友誼，你們能不能無罣礙地繼續下去。

回到原點，仍是朋友，回不去的，就當是封寄錯地址的信，至於回不回覆也無所謂了。至少，你曾經的心意都在裡面，若有遺憾也都不要緊了，你對得起誠實的自己。

P.S.

會錯的心意就像一面鏡子，就因為你先走向前去，才會以為對方也向你靠近。你將自己的倒影，投射成他的愛情。

既然不適合，又有什麼好將就的

愛情就像是在黑夜裡下不停的流星雨，
你只看得見劃破天空的亮光，卻沒能等到最後那片落下後的沉靜。
你迷信許願就會成真的傳說，卻忘了生活是你自己體會的重量。

【心情歌單】
楊丞琳／失憶的金魚
李榮浩／不將就
洪佩瑜／踮起腳尖愛

你聽過太多分手的理由，而「不適合」是最讓人不平的藉口。

「失戀」賦予我們的能力，就在於將過往的回憶，一絲不苟地整齊排列。你用不著努力回想，那些發生過的往事就比擦拭過的透明玻璃還要清晰。分手的原因，當他以「不適合」一言蔽之時，你只聽見一記響亮的耳光，打著他過去的臉龐。

他說過「愛能勝過一切」，這是你一直放在心上的金玉良言。在開始相愛的很早之前，你們是愛情的暴發戶，只要揮霍著對彼此的喜歡，就沒有什麼做不到的，更談不著什麼不適合，這是熱戀的通病。愛是色彩鮮豔的氣球，戀人只挑選花色，形狀外型倒也沒那麼重要，至於使之具體的氮氣，要補充或者釋放，你們有的是時間調整。

所以幾次的爭執、摩擦，你總試圖調整呼吸，檢視自己還能努力的空間。而他，卻怠惰於改變，不認真看待因吵架而亮起的警示燈，以愛為名就可以憑藉著敷衍了事。他說的包容是出自於愛的衝動，他要的和平卻是凡事不加說明。沒有經過反省和體會，這種不妥協的理所當然，怎麼盼得到大雨過後的彩虹？

你們就像是從相同起跑點開始的參賽者，你有你的執著、他有他的不在乎，兩人不對等的力氣只會拉大了距離，在光線的照耀下，種種的缺點如影子般拉長，優點卻成了看不清楚的身影，很想愛的兩人終將背道而去。

關於你們之間的落差，你心裡都有數。但是你愛他、你真的愛他，就算當個傻瓜也無妨，你無法將這段感情放下，即使你從沒有問過，但你假設他也是這樣想的。所以你相信，會有那麼一天，你們終能在不穩的氣候裡盼到虹彩，求得愛的生存之道。

直到他提出分手，用「不適合」帶過，直到你還在揣測是不是自己努力不夠，他的身邊不出多少時日，就出現了另外一個身影。原來，你擁有的愛情只是比較級，所謂的「不適合」，不過就是有人比你更適合。

釐清了愛的頭緒，要消化又是一道難題。不甘心就像是一條最長的虛線，描出你傷心的形狀；而捨不得則是一條最粗的黑線，使你不願離開的事實無法忽視。但是，就在你一個人獨自傷心過幾回之後，成長像是幾根梗住的魚刺，被和著眼淚嚥下了。你才終於瞭解，他說得對，你們真的不適合，也沒學會磨合，才讓曾交錯的兩人回歸平行線。

或許，愛情就像是在黑夜裡下不停的流星雨，你只看得見劃破天空的亮光，卻沒能等到最後那片落下後的沉靜。你迷信許願就會成真的傳說，卻忘了生活是你自己體會的重量，你究竟擁有多少生命給你的斤兩，沒有誰能比你更明白。

你若牽強地將幸福交給他，也只會是將就，換不成什麼結果。幸好，他的目光短淺提醒了你，不適合的感情，再怎麼努力也不可能粉飾太平。

P.S.

幾年下來，你將明白有些人適合交往、有些人適合遺忘、有些人會讓你錯愛一趟，還有些人壓根就配你不上。

和平分手，是一種慷慨

分手是兩個人的事情，承受也就不只是一個人的責任，
「和平分手」是一種慷慨的理想，
但不想分手也是假裝不來的。

在愛情裡，沒有能夠一刀兩斷的利器，可以乾淨地把兩人完美裁切為兩半，只能用不對等的力氣拉扯兩端，將名為「分手」的狀紙撕裂成兩半。

他用一如往常給你的溫柔姿態提出分手，然後認錯，再解釋你們無法繼續的理由。他說的每句話都衷心誠懇，像是一套早已演練過數次的流程，只待你配合一貫的體諒，分手的事實也就成立了。

【心情歌單】
劉若英／成全
蔡健雅／空白格
張玉華／原諒

你的感性刺激著你的淚腺，但理性分析出你理當接受的結果。你明白，當他做出分手的決定，那便是經過多次反思後才得出的結論。的確，那些被他視為分手的理由你一句也無法反駁。尤其當你面對的是他愧疚的神情、自責的口吻，你竟無法去苛責臨陣脫逃的他。

所以，你默許了他的請求，你在捨不得裡讓步，完美詮釋了這劇本裡最體貼的配角。即使你也搞不懂自己是心碎還是麻痺，總之就這樣接受了他告別前的擁抱，目送他揮手的衣袖，你將永遠記得那一幕，像是電影停格的畫面。

後來，整個世界像是靜止了，很疲憊、很空虛，彷彿經歷過一場大戰，卻又如此和平。你以為痛只是當下的感受，你可以用最短的時間收拾，然後兌現離別時，他說出了請你要照顧好自己的承諾。

暴風雨前果然有一時半刻的寧靜，上了麻醉劑的情緒，在藥效退了後，痛苦如潮水，一波一波襲來。

想他，你是真的很想他。只要有任何關於他的訊息，那些曾經在模糊淚眼裡的畫面又清晰了起來。你好想聯繫他，卻又反覆提醒自己，這樣的結局也是你當初同意的。但，一走了之根本不是你所能做到的，在他離開了之後，若還要追隨著他不愛的藉口，就是牽強的盲從。超乎預期的悲傷關不住你預設的停損，超支過剩的想念，使得他臉書上的近況，變成你每日窺視的焦點。

原來，不出多少日子，他就回到快樂的樣子了。好像，他只是甩開你這沉重的包袱，迎來與你無關的自由、迅速地找到新的對象，並且推翻最初那懇切的請求。你這才驚覺，給予他的信任和退讓，成就了他對你們共有回憶的踐踏。就算你本就留不住他，但他這麼輕易鬆開的雙手，又怎麼對得起你們的曾經與你本該坦白的不甘？

其實，你只是想當個好人，所以才對自己說謊，也不讓對方為難，而終究還是為難了自己。你明明如此偏執卻甘願做個傻瓜，渾身是傷卻還要逞強。成全了他，卻忘了自己。

都生了根的愛情，怎麼可能任意摘取也不留痕跡？和平分手，兩人怎會有相安無事的道理？往後的日子，讓積鬱在心頭的酸楚與痛苦，不費吹灰之力地將你的生活搞得一塌糊塗。或許，分得不愉快的戀愛反倒自在，至少有多難過、有多想念都可以大聲說，滿滿的情緒也不用壓抑，忍受那無力承擔的情緒。

終究，你還是要多為自己想一點，從你立足的角度，把心底的話徹底闡述。分手是兩個人的事情，承受也就不只是一個人的責任，「和平分手」是一種慷慨的理想，但不想分手也是假裝不來的。

P.S.

所謂的「好聚好散」，都只是先不愛的那個人一廂情願的想法。因為在這之中，總會有一個人摀著嘴，再疼也不能出聲，能給的只剩「成全」。

【心情歌單】
孫燕姿／雨天
陳奕迅／對不起謝謝
林宥嘉／傻子

再多「我愛你」也敗給一句「對不起」

原來「我愛你」，是一縷燃往不同方向的焰火，
還相愛的時候，是天上綻放的美麗煙花，
不再愛時，便是往人心裡去的致命炸藥。

所謂「失落」，就是因為曾經被高高舉起，才會墜落得粉身碎骨。

你一直是那個最幸運的人，才能在這嘈雜不堪的世界裡，聽得見如此誠懇的一句「我愛你」，在你的耳邊呢喃絮語。就像五月適宜氣候的夏夜晚風，他給你的愛很輕巧，足夠隨身攜帶，不令人厭倦疲乏。

後來，這變成你戒不了的癮頭、不知不覺養成的習慣，你不爭氣地貪戀著他

的情話，在腦海裡打轉。你從未感受到這樣安心的舒適感，縱使你也不是那種將甜言蜜語制式化的人，規定一天幾句、掛掉電話還要再來幾則短訊，但是，只要他用溫柔嗓音傾訴愛你的念頭，就這樣到老，你也甘之如飴。

只是你太明白「時間」的威力，再炙熱的情感，也會變成一團不冷不熱的熅火，但你對於你們的感情很有信心，愛戀頂多恆溫，還不至於失溫。畢竟，發自內心的隻字片語都是鐵證如山，沒有深邃的愛，哪裡可以將情話演繹成自然。

但你好像錯了。因為對他來說，「我愛你」曾經是如假包換的動詞，是維持情感的介系詞，然後，當他感覺到有什麼變化在你們之間作祟時，他開始學會閃爍其詞，最後成為哄你開心的片面之語。

人都是害怕改變的，就連先不愛的那個人也是。所以，他要保持微笑地不露出破綻，覆水難收是他擔心的結果，所以寧可先什麼都不說。

當人試圖控制住自己的真實情感，違背心意地偽裝成另一個模樣時，往往是因為他所思忖的下一步必然會傷害到某個人，無論是你或他，都無法倖存。

「對不起」，是你聽過餘威最大的三個字。因為你還不知道自己正遭受著怎樣的摧殘，就得面對原諒的乞求；你還不知道漫天的愛粉碎成泡沫的原因，就要承受無法更改的事實；你甚至還得面對著一無所悉，卻似乎就要理所當然地接受這唐突的虧欠。

原來「我愛你」，是一縷燃往不同方向的焰火，還相愛的時候，是天上綻放的美麗煙花，不再愛時，便是往人心裡去的致命炸藥。

曾經有過愛的宣言，如此聽來說來諷刺，那些言猶在耳的許諾，才是壯大傷害的罪魁禍首。你不是無理取鬧，而是回憶起「牽手」與「分手」的那雙手，帶給你的痛楚還是太過慘無人道。你知道，使你沉醉的不是那些字面上的情愛，而是你曾如此深信不疑在過去、現在還有好多的以後，他都能兌現的那句「我愛你」。

但他推翻了，而且不做解釋，沒有要給你任何餘地。他知道錯了，所以道歉，卻也是你最不願意見到的結果。你哪裡需要這些毫無意義的慚愧，這不過是再次覆驗無疾而終的戀情，早已片片腐蝕崩潰。

能傷得了你的，都是你最在意的人，以及最聽信的話。你能體諒感情總有潮起潮落，總有情非得已的時候，但你只求敢愛就要說到做到。

P.S.

就是因為「我愛你」和「對不起」都來自同一張嘴，這才叫人痛徹心扉。

曾經相愛，何必相礙

是誰和你說過，「寧為玉碎，不為瓦全」是相愛過的證明？
是「摯愛」還是「窒愛」？
難道，他不幸福，你就會幸福了嗎？

很殘酷的是，在愛情盡頭等待著的，只有「相處一輩子」或是「分開」這兩種結局。但是，你們即使演練過相愛終生的對白，卻勝任不了對方生命中的主角，只能原地解散。

但戀愛的這段時光，你們的生活早已交疊，寫成了一篇密密麻麻的文章，拿開幾個辭彙、調動幾條句子，怎麼唸都不會順暢，怎麼讀都釋錯意象。再加上幾個好事者暗地漫罵，過去犯的錯被翻起舊帳，追究起無法繼續相愛的原

【心情歌單】
梁靜茹／情歌
慢慢說樂團／標準解題
IPIS／分手

因，你們互相指責、互不相讓。分手只是起點，後續的連鎖反應才正準備一觸即發。

愛得越深切，恨也就更加深刻，現在你總算懂得這道理了。當兩人不能照原定的路程走，分開之際不是依依不捨，就是心有不甘。於是拉扯的、撕破臉的，哪怕摧毀對方的生活鬧個不得安寧，都變得有理可循。

於是你先從個人的社群網站開始，臉書上的動態意有所指，將自己的形象化成受委屈的那個，再任由他人為了撐腰，而無的放矢地攻擊對方。然而，你們兩人的訊息和通話不曾斷過，你來我往的，從一開始的放下身段挽回、挽回不成的互相斥責，一直到斥責裡的惡言相向。在這過程中，你們幾乎都要忘記，曾經這對話框中裝滿的甜言蜜語，又怎能想像得到，這張兩人用來親吻的嘴，如今卻是亟欲傷害誰。

你原本以為，氾濫成災的對峙總會歸於平淡，只剩星星之火的情緒卻在得知對方準備開始新的戀情之後，一瞬之間又蔓延開來。

夜裡一則又一則的動態抒發不像是悼念，更像是單向的責備。你責備對方憑什麼幸福，憑什麼遠走高飛，留下另一個人獨自吃苦。關於你的怨懟、關於你的不捨，都猖狂得無法讓一切事過境遷。

當有人問，為什麼不能讓過去成為過去？你的回答是「太愛了」。

從什麼時候開始，愛變成傷人的工具？是誰和你說過，「寧為玉碎，不為瓦全」是相愛過的證明？你口中所說的愛，是「摯愛」還是「窒愛」？難道，他不幸福，你就會幸福了嗎？

你心裡一定有答案，可你卻背叛了自己的良善，自私地將你的報復與不甘美化成愛。

終究是分得很不愉快，才會讓你積鬱憤慨在心裡不吐不快。但是，在往後的反省中你會明白，每個當下若帶著怨恨的等待，一念之差就會造成錯誤，將來償還你的只剩悔不當初。

真正愛過的人都清楚，只要一闔上眼，被扔下的恐懼就會在腦中徘徊。許多人用逃避去閃躲，也有人用陽光去映照黑暗的存在，但你選擇的是魚死網破的拆解恐懼，卻像硬扯的結，解不開、理還亂。這些時間的掙扎如同流沙讓你陷落得不可自拔，或許他被你吹起的風沙暫時擋住去向，卻仍然一步步更加靠近綠洲。

無法繼續「相愛」，就不要再白費力氣的「相礙」。一句後會無期的再見，讓自己離新的開始更加接近些，或許才不愧對自己的幸福。

P.S.

你恨過的人，都曾經被你深深愛過。
可惜的是，你放不開的往往都是先放手的那個人。

第四部／

過去完成式

那些日子，舊情人教會你的事。

很久以後才會明白，
那些被歸類在「曾經」的記憶，
是從未告別的風景。

當有一天我們在想念裡重逢，
不說話，
都了然於心。

舊情人教會你的那些事

離開的那些舊情人，從來就不是想要去教會你什麼，
而是你必須從遍體鱗傷裡，一片一片地，
學習著怎麼拼湊出更好的自己。

【心情歌單】
陳奕迅／謝謝
梁靜茹／可惜不是你
蘇打綠／再遇見

人生中總會談過幾場，讓你看盡現實百態的愛情。

你已經記不清楚，他們是什麼時候闖進你生命的。或許，你還可以在臉書上找到關於他們的近況，手機裡也仍然保存著你與他們拉扯的信息，甚至你還能默背出他們的電話號碼，或是在某天尋常的日子，想起那幾年的今天，你都會為他準備好生日禮物。不過偶爾，他們還是會出現在你與朋友茶餘飯後的話題裡，當作輕描淡寫的玩笑，或是無可奈何的警惕。

你時常會想起，在你對感情還懵懂的時候，有人用刻意的傷害讓你枯萎。他牽過你的手、也曾對你許諾，他給的一切都讓你信以為真這就是幸福的輪廓，卻在落空之後，讓一道火燙的陰影，烙在你胸口。

於是，你開始對愛情懷疑，明白幸福和痛苦就像是一體兩面的硬幣，賭一口擲向空中的運氣，或許再緊密的關係也可能在彈指之間化整為零。遺憾的是，讓你懂事的過程，竟是這般的兵荒馬亂。

你談起戀愛總是躡手躡腳，自我保護是你的反射動作。你也曾全心全意地投入，之後卻只有要不回來的難堪。於是，在愛情面前的你開始保留真心，讓付出打折，卻弄巧成拙地將原本淺顯易懂的感情，排列成繁複的幾何圖形。

你原本以為自己早已做好準備，但怎麼知道，愛情就是不從人願，頻頻地拉扯著後腿，讓你的無心之過，成為滔天大禍。你被負過，現在換你負人；你曾是被害者，如今卻加害在另一個人身上。

原來，不帶武器還是可以傷害人。原來，在感情裡，任誰都可能會變成自己最厭惡的那種人。

每段過去都是劫後餘生，好不容易才能倖存，那真的不會只是碰巧而已，而是經驗的積累，供你日後借鏡。總是要經過這些荒誕歲月、長時間的一知半解，才會在很久的以後，明白每件小事，都是能在往後讓你反思的道理。你會瞭解，離開的那些舊情人，從來就不是為了要教會你什麼，而是你必須從遍體鱗傷裡，一片一片地，學習怎麼拼湊出更好的自己。

但是，你仍然由衷感謝他們，感謝他們讓你知道，自己沒有想像中偉大與堅強。你還是會有察覺不出笑容真偽的時候，還是會有淚水不止的難受。你這才瞭解，有些感情你真的玩不起，也有些人你愛得不夠盡力。

正因為擁有這些過去，讓你不用再盲目地去觸碰那些未知的畫面，像帶你練字一樣，他們曾親手一筆一劃地延續屬於你的故事，不追求完美，但求無愧。

你現在的安然無恙，都是劃過幾次火柴才成功點燃的光芒。那些舊情人們給了你啟發，不是驚鴻一瞥的火花，而是扎扎實實的過往。你謝謝他們這樣愛過你，讓你相信自己仍值得被愛；至於傷害過你的人，也讓你懂得愛其實並沒有那麼簡單。你也會失手、也會不知所措，所以更該要珍惜擁有，真正打從心裡去對待每一份情感。

面對那些覆水難收的過去，你很小心、也很努力地汲取教訓，只有如此，你才對得起那些從你生命中路過的人；也才對得起那些不枉過的美麗人生。

P.S.

失敗的愛情，就像起跳前的屈膝，
蹲得越低，就越能在躍起時，更靠近幸福。

【心情歌單】
蔡健雅／當你離開的時候
郭靜／我不想忘記你
謝震廷／很想很想你

比起說再見，我們更擅長想念

想念有始有終，道別也無須揮手，
故事的起承轉合，總在曲終人散之後，
變成一片落葉，飄零在心中某個角落。

你忘不了那些年的畫面，你們乘坐著青春的熱氣球，漂浮在窮極一生也未曾感受過的快樂。

每天醒來，不是因為鬧鈴的呼喊，而是一想到他，就會有許多的迫不及待。他影響你太多了，可以讓整座城市變成不夜城，可以讓冬天變得宜人，可以讓你很努力地為他成為更好的人。這是第一次，你能這麼樣的心無旁騖，凝望幸福的海洋，不用乘風破浪。然而，冰涼的浪花，就灑在離別以前那彼此上揚的嘴角。

當時的你們太年輕了，沒能在擁擠的十字街口，選擇對的方向，而被熙來攘往的人群擠散。你們是相愛的，卻沒做好相守的準備，糾結在沒有解答的當下，對未知的將來感到迷茫，只能含著眼淚、悶不吭聲地抽泣，把真心話就這樣地鎖在心房的盒子裡，再怎麼疾呼也無法發聲。兩個人，困在掙扎的迴圈中無法迎刃而解，只能找把利剪，匆促地了結。

你們成了斷線的網路，再多的「重新整理」也只是停留在空白頁面。你們都太好強，只等著對方投降，可是時間是不等人的月台，一個錯過列車的乘客，和一班過站的列車，轉瞬擦肩，就再也趕不上誰的人生。

當你明白一切已來不及的時候，你並沒有哭。你不是離經叛道，而是在有限的情緒裡，找不到一張能夠表達悲傷的臉。你聽過傳說，人在離世之前，眼前會出現人生的跑馬燈，一幕幕的輪撥。那晚徹夜難眠，你就是這樣過的，一卷放映不完的底片，都是愛情逝去的畫面。

然後，幾個節日過了，他再也沒有出現在你的短訊裡了。偶爾，你還是會滑回和他的最後一句對話，看他最近才換的大頭照，但不會再去過問他的近況。想他幾遍後，你總會責備自己的無端招惹，就像打開寫滿回憶的信紙，即便按照折線收回，你的情緒也不可能原封不動。

你是一個念舊的人，總是趕在回憶就要沾染塵埃之前，用力擦拭過幾遍，這是從他離開後就培養的習慣，你有時都看不慣這樣的自己。任憑怎麼努力，你總會在某些不期而遇的片段、某首唱進心裡的歌曲、某個熟悉的場景，和回憶休戚與共。雨天你會想起他，走斑馬線的時候你也會想起他，這樣不成文的聯想，是多麼不講理的存在。

或許，這是和他分開後的反作用力，落單後的自不量力。你桀傲不遜的固執，若有似無地保護著與他有關的歷史，像是書本被翻看過最多的那一頁，自然而然，手感的痕跡便一再地帶你回到那段故事裡。

要告別一場離散，還是太難了。你比誰都清楚，要說再見的不會只是他，還有你花上大半青春的捨不得。如同你搬離住處後，卻總在寄件落筆時錯寫成舊址，總會有這麼一段過去，是難以連名帶姓地徹底抹除掉的。

不過，也許會有那麼一天，你在下著大雨的傍晚撐起傘，心想，氣象預報還真是準確，然後在綠燈亮起時緩緩走過第一次和他牽手的路口，卻再沒有任何一絲波瀾灑進你的心坎。

想念有始有終，道別也無須揮手，故事的起承轉合，總在曲終人散之後，變成一片落葉，飄零在心中某個角落。沒有人再提起，不會再被想起，只是偶爾，當微風輕輕吹拂，會冷不防地回到夢裡。

P.S.

有些想念，不是想念，
而是從未忘卻，從未告別。

未接來電，就當是彼此的最後一面

原來想念的力量，會穿越人群找到對方。
你不敢說是撥雲見日，但那道光，著實搶盡你的視線。
你是慌了，慌張於這突如其來的特報，而你已無暇去判斷這句問候的真偽。

分開後的大多時候，兩人之間，一定會有人過得不好。

想念著的你，經過一番折騰與掙扎，有多少鬱積在心中的話，是怎麼吞忍都無法吸收、消化的。寫著他名字的對話框裡，文字總是刪了又打、打了又刪。還沒刪除的那個電話號碼，名稱還是最親暱的暗號，顫抖的手按不下撥出鍵，腦海卻自動回放從前的畫面。

【心情歌單】
楊乃文／未接來電
田馥甄／寂寞寂寞就好
孫燕姿／在，也不見

你對他應該已經無話可說了，可是心裡卻藏不住誠實。

面對分手的事實，你彷彿是睡眼惺忪、不願清醒地坦然接受。幾次和內心的對話總是喋喋不休，闡述的都是要把想念擺到哪去。說是要知道他的近況，倒不如說是自己深怕就此被遺忘。你還徬徨地端著一顆不上不下的心，他卻先傳來了訊息。

「你好嗎？」

原來想念的力量，會穿越人群找到對方。你不敢說是撥雲見日，但那道光，著實搶盡你的視線。你是慌了，慌張於這突如其來的特報，而你已無暇去判斷這句問候的真偽。是要順勢說很好，還是據實回答，說你有多麼想他？又該不該表露自己放不下的眷戀，或者要假裝豁達、冷眼觀察？

終究，你還是演不來心如止水，偌大的牽掛扼殺了演戲的細胞，若無其事是你怎麼也做不到的。

分開後的大多時候，
兩人之間，
一定會有人過得不好。

你總是真誠以待，有多想念、有多麼愛，從來就無法對他撒謊，過去不能，現在也不能。

於是，你們將曾以為從此就要塵封的故事，又翻開了新頁。你滿懷著欣喜，彷彿什麼都回來了，像是音樂卡帶翻個面，讓無聲的空間重啟旋律。

你們重新來過了一陣子，卻還是破綻百出，你太瞭解他的不尋常，不費吹灰之力就能察覺出來。原本你曾懷疑他是不是內疚，所以才會在繞了遠路之後，因為擔心你而回頭；又或許，那是罪惡感的威脅，讓他試圖去補償對你的歉疚。不過，這些都是你的多慮，因為你的好奇心找到了血淋淋的證據。

在他重新與你連繫上的通訊軟體裡，有另一個他苦苦求饒的對象。最初他的離開，是因為那個人，最後他的回來，也是如出一轍。

他耐不住寂寞、忍受不了情感上的缺口，所以你對他的眷戀讓他可以輕易利用。你是他停泊的港灣，他想駛離、想靠岸，追根究底都無關你的心，而是他現在是否需要拿你來慰藉取暖。

你知道重逢有多難得，但你終究不願意成為他備用的感情，所以選擇拆穿這污穢的面具。結果傷心還是讓你潰堤，可你至少都看清楚了。

即便，他還是不間斷傳來道歉的訊息，即便那數不清的未接來電都是為了乞求你的原諒，「心軟」卻已經不會是你的選項，因為那顆曾對他重燃炙熱的心，還是被他踐踏到一無可取。

你終於明白，你和他各自對著手機，猶豫著是否連絡的兩種心情，根本是天壤的差距。

你們曾有過聊天到深夜、捨不得掛掉電話的時候；後來你們也已做好永遠失聯的打算，只是，你們都敗給了寂寞，才會讓手機的兩端各自盤算，讓彼此的訊息與來電，交錯成一場無意義的照面。

你總想著，如果是這樣的結局，當初就不該眷戀，卻也慶幸沒有再浪費時間，
讓想念繼續揮霍在這不該想念的再見。

P.S.

不讀也不回他的訊息，忽視他撥來的未接來電。
一個成功的失戀，就是要向慘不忍睹的過去，永遠在記憶裡失聯。

【心情歌單】
黃小琥／重來
周杰倫／藉口
劉若英／分開旅行

復合，不是為了復習愛情

如果只把「復合」當做是一種復習的步驟，
卻沒有去審視分開的理由，
那彼此犯過的錯，也會跟著回過頭的他，一併從頭來過。

他們說，愛一個人不需要任何理由，那離開一個人呢？

不論擁有多麼炙烈的愛情、濃烈的曾經，經過幾次激烈爭吵，轟轟烈烈愛過的你們，彷彿都留在了昨天。可是，分手怎麼能像是撕下一頁日曆，就這麼過去了呢？被丟下的你，所有的不捨和淚水幾乎將你給淹沒。

你沒辦法把分手宣言當做指示，然後一個口令、一個動作的服從。即使他如此冷漠，殘忍地推翻你記憶中關於愛情的輪廓，你依然別無所求，只要他能不離開就好。所以，你像個孩子般賴著不走，能做的你都做了，無論是溫情的喊話、衝動的強求，還是自溺的暗示，你只想對他說，只要你回頭什麼都可以一筆勾銷，你還是原本的你、你們還是原本的你們。

該說是美夢成真吧，你拉著這條繫在他身上的希望，真的讓他停下腳步、重啟了對話，然後再消磨些時間，輕巧地走到你的身旁，答應了你的乞求。

如果說，愛情分開了叫「分手」，而分開的那兩雙手又牽了回去，叫「復合」，那復合後的愛情，還是你們當初共同持有的愛情嗎？或許，這對你們來說都不重要了，只把分手和復合當作兩場各自的旅程，看過許多風景、漏接幾通電話，然後在愛裡失聯了一段時間，如此而已。

你不會去追問他當時分開的決定，因為那是最敏感的話題。曾經所有爆裂的拉扯，都讓你們若無其事地概括帶過。他也雲淡風輕地省略身後的那片烏雲，指著前方的陽光，你們的注意力就這樣被轉移了。

也許，讓兩人走偏的真的只是一些不值一提的錯誤，你們可以共同修正。

和同一個人談兩次戀愛無需上手的時間，你們的默契沒變，一如往常。只是，你愛得更加用力了，因為你心裡非常清楚，要回的愛得來不易。他全盤接受你的付出，偶爾也會給你預期以外的驚喜。或許，最糟糕的都已經過去，真的，而你幾乎就要這麼認定他和這段關係了。

可是，你超支地付出，讓身體累了、心也倦了，你感覺到自己，真的沒有想像中這麼快樂了。你對他的好，像是討好，而他給你的對待，或許不過只是附和。回想當初能有重新愛的機會，其實都只是因為他，與其說你努力得來，還不如說是他勉強施捨。說穿了，他不回頭，這些也都沒戲唱，你要知足。

漸漸發酵的爭吵，一如過往，瞬間時序回到分手之前，你們針鋒相對的畫面。原來，你們不敢觸碰沒有被釐清的原因，正是你們分開的理由，只是你讓自己的捨不得，覆蓋了彼此的不合，錯把他愧疚的償還，當作復合的靈感。

你捱著害怕失去的溫度，他扛著對不住你的重量，不過問的復合，終究是種負荷。

用逃避來掩飾彼此心中的不安，以為強求就能穩住失衡的天平，這不是一時半刻的問題，卻總以為順其自然，就能免去視而不見的存在。可那存在，卻是將擊碎的愛重新拼湊的最大阻礙。

如果只把「復合」當做是一種復習的步驟，卻沒有去審視分開的理由，那彼此犯過的錯，也會跟著回過頭的他，一併從頭來過。

P.S.

破鏡怎麼可能重圓，復合也不可能完美回到原點。除非，你們能從裂縫中正視彼此的問題所在，然後改進、下定決心，讓「你」和「你們」都重新來過。

分開卻從沒離開過的你

你的出現，就像是起了不可逆的化學變化，你陪著我一起瘋狂，
而我也盡力地為你綻放。這些成長、這些滋養，像是刺青般烙印在我的心臟。
不論多麼努力，我都要不回從前的自己了。

【心情歌單】
陶晶瑩／那些日子
徐佳瑩／失落沙洲
蘇打綠／是我的海

原本以為，分開以後我只是會想你。後來才發現，都過多久了，你還是此起彼落地出現在我的心上。如此歷歷在目，哪裡還需要想念。

我們曾走過的街角，在紅綠燈前擁抱。巷口裡的那家小館，一個月總要去吃個幾次，不用看菜單，我們都記得彼此最愛吃的是哪幾樣。吃完飯，我們會牽著手逛街，櫥窗裡的新品跟著季節換了又換，時間總是過得飛快。再往前走就是電影院，皮夾裡還有曾經一起看過電影的票根，我們去年約好要看的

續集，應該也快要上映了。好幾次，我都好想問你：「要不要一起看？」可是現在，我還有這樣問的資格嗎？

當然，我非常清楚，分手是你唯一留給我的事實，剩下與你有關的都只是殘影，都只是漣漪。

我醒著卻總像是半夢半醒，而睡著時則會被噩夢不斷驚醒。你就像是走廊另一頭的回音，有一點風吹草動，我都以為是你。你說過的情話、你的笑聲，時不時在我耳邊呢喃，我無法當作耳邊風，感傷的是，你怎能無動於衷？

那些散落的照片、沾染過你指紋的家具、你坐過的沙發，電腦也還記憶著你的帳號，而我們最常待著的地方，就像是個不堪回首的案發現場。你並沒有留有什麼蛛絲馬跡，是我根本找不到任何與你無關的蹤跡。你就是我的大半部分，我該如何接受這鬧了空城的人生。

我總是這樣對自己說：「一切都會過去的。」

我試著回想，在你來到我生命之前，那些日子是怎樣過的。我可以開懷地大笑，不拘泥偶一為之的煩惱，不害怕找不到人做伴，即使單獨的時候也不覺得無聊。這麼說起來，我沒有理由不能複製先前的人生。

但，你的出現，就像是起了不可逆的化學變化，你陪著我一起瘋狂，而我也盡力地為你綻放。這些成長、這些滋養，像是刺青般烙印在我的心臟。不論多麼努力，我都要不回從前的自己了。

你沒有要過我的原諒，而我也沒想到竟會放你不下，你讓我受盡牽連，卻又分得乾脆。或許，這就是你做出最自私的決定，在我還深愛著你的時候，將我們一分為二，這樣我就會一輩子記得你，也記得我像個傻子一樣，對你念念不捨。

究竟是你下手太輕，還是我抓得太緊，你決然一刀兩斷，而我至今還是無法看開。倘若我能就這樣忘掉你，不再將關於你的記憶存留在我身上任何一吋細胞，那麼，我們算不算就此一筆勾銷？我不知道。因為我的心就像破了一個洞的臭氧層，而那個部分，恰巧和你給過我卻又帶走的感動形狀雷同。

你是走開了，卻不曾離開過。每當我看見自己的一無所有，就會想起你曾是我的所有，但只能是「曾經」了。

而我還在原地，找尋一個高飛遠走的理由。

P.S.

不忘不代表想念，不想念不代表忘得了，這就是愛情。
對於兩個人共同持有的回憶，我們誰也無能為力。給想念的空間，剛剛好就好。

我們，終將在彼此生命中失陪

劇本沒變，變的是心，我們誰都不例外。
如果結局注定依舊，沉澱以後，你會坦然接受。

【心情歌單】
徐佳瑩／不難
陳珊妮／情歌
蔡健雅／Letting Go

你是那種一旦失戀，便一點辦法都沒有的人。

先是「傷心」，然後「傷身」，連生活都過得傷神，卻還是無法重生。分手後，你就像是被失戀所支配的腹語娃娃，只會哭，不會笑，負面的台詞，哭訴的聲調，攪和著傷心沒完沒了。

你是真心愛他，愛到連自己都不確定是否還會再有下一個可以讓你這樣愛的人。你不會只把這場愛情當作風景，你早已打算永久居留，喪失了候鳥遷徙的本能，只會苦守。任何關於他的風聲，你就會豎起耳朵，不怕他不回頭，只擔心沒能在第一時間，接收到這道線索。

這樣的你就像一則冷笑話，但只有你聽得懂。你的想念，也只有自己單方沉溺在其中。面對現實太難了，所以你索性抱著希望入睡，做一場好夢，也好過醒著卻像在做一場噩夢。

其實，在失戀裡，我們誰都是如此微不足道，如同身處安靜的宇宙，沒人能聽到內心疾呼的求救。在他離開之後，你面對的每一天都像是不由自主的指派，無論走到哪裡，都會想起自己為何而來。你讓自己變成他的附屬，前進或後退都身不由己。

但是，這樣的萬劫不復像是惡性循懷的開端。失戀過的人都會同意，你的無能為力、你的不可自拔，就像那些朗朗上口的歌曲，關掉音樂後，腦中仍然有盤旋的旋律，如同那些因他而生的負面想法，怎麼也揮之不去。

原來傷心是一種墨菲定律，越是怕痛，更感劇痛；越是閃躲，卻無處可躲。即便你做好所有準備、有心抗拒關於他的事物，但你築起的每道防線總會有破綻，冷不防地就被攻陷。很多道理你都懂，朋友們安慰的話你已經倒背如流，也明白傷口會有癒合的一天。可是，當你百般提醒自己要往對的方向努力，卻像好不了的病、止不了的咳，你不懂，即便穿得再暖還是會染上風寒。

也許是因為你從來就沒有做到真正的「失去」。把他給你的震撼，將其風乾，在孤單時拿來緬懷，你拼湊他的碎言碎語，讀成一首雋永的詩歌。你沒有一刀兩斷的乾脆，理所當然就贖不回，摒除他以外的純粹。

傷害的存在是愛情的輓歌，只有真切愛過的人才會懂得，這首曲調不能隨意唱和。**失戀後的我們，生的都是同一種病，只是體質不同需要不同的療程。**

也許你不相信，也許你懷疑，但那個人若沒能在擁有你的時候駐留，卻在你最痛的時候遠走高飛，終會有一天，你們都將在彼此的生命裡失陪。屆時你會發現，**時間不僅會義無反顧地沖淡痕跡，更重要的是，你流過的淚水會滋**

養茁壯，而成就更勇敢的自己。

你將有一份勇氣，讓你在領略過這段破碎的時間之後，像是看了場令人心碎的悲劇，第一遍哭得久久不能自已，然後再幾次過後，雖然還會被劇情觸動，卻不再潰堤。劇本沒變，變的是心，我們誰都不例外。如果結局注定依舊，沉澱以後，你會坦然接受。

逝者已矣，來者可追，倘若還看不到太遙遠的未來，那麼至少在當下也要直視必然的失去，之後，再好好道別。

P.S.

那些曾讓你惋惜傷感放不下的，
待回過頭看，都將雲淡風輕。

捨得與捨不得，從來都無從選擇

【心情歌單】
田馥甄／還是要幸福
魏如萱／飛鳥
鄭秀文／捨得

你很念舊，有紀念意義的東西從來就捨不得丟，如同與他的昨日種種，必會被存放在心裡的某處角落。你知道自己一定想他，像是捱不住乾澀的眼球，眨眼分泌淚液只是本能反應，你控制不來。

曾經，你們都是彼此最捨不得的人。

曖昧的時候，訊息的對話框總是捨不得下線；熱戀的時候，夜裡拿著溫熱的手機，躺在床上望著天花板，說著不著邊際的瑣事，也不捨得掛掉電話。面臨不得不的遠距離，離別總是依依不捨，你們捧著彼此的臉龐，一再擦去彼此的淚水，就連讓對方為自己掉眼淚，你們都捨不得。

你太會為他著想了，所以捨不得再讓他承受額外的負擔，你總會在他下個動作以前，先衡量自己能不能多為他做些什麼。也就因為如此，你必然要犧牲點自己的空間、裁減時間，像是數字相除後的小數點，你願意無條件只為他進位。

你們也會偶爾爭吵，不免有些冷戰和對峙，你們都是硬脾氣的人，可怎樣都拗不過對方。儘管背對背地往兩個方向離開，然後將手放在身後，仍總會有人牽住對方、或者拉住誰，即便皺著眉一邊抱怨，也總是捨不得眼睜睜地看著對方走出自己的視線範圍。

你們是一對如此心軟的戀人，不讓對方吃苦，這是你們相愛後，自然生成的天賦。所以當你從朋友口中聽到，他在某個街角牽著別人的手，說什麼都不敢相信。因為你知道自己才是他最捨不得的人，他怎麼能對得起你的心、對得住你們過往的曾經，而捨得負你。

怎麼可能，但後來，他是真的都捨得了。

過往，他之所以會捨不得你，只因為你是唯一。但在他的生命裡，又出現了他捨不得錯過的心意，於是捨棄你，便成為他兩難的選擇裡，不得不的唯一途徑。

你哪裡能接受他的安排，但你又如何有選擇的餘地。你再也不能放心地等他回頭，給你一個孩子氣的笑容；你再也等不到，那個一心只捨不得你的擁抱。一直以來，你倚賴著他給你的能源過活，但當這些都殆盡的時候，你只能緊抱著剩餘的燈油，苟活在不見五指的黑洞。

也許對於他，你的捨不得，終究還是得捨，你的放不下，終究還是得放。這無關愛的程度，而是在愛與不愛的交界線上，你必須做出的讓步。你還是愛他的，可是你不能再繼續自欺欺人，以為任性地守著這份情感，他還會捨不得你難過。他用離開傷害了你，這是只有你能許他的權力，爾後，你愛得奄奄一息，也是只有他能給你的暴力，而且無法還擊。

你很念舊，有紀念意義的東西從來就捨不得丟，如同與他的昨日種種，必定會被放在心裡的某處角落。你知道自己一定想他，像是捱不住乾澀的眼球，眨眼分泌淚液只是本能反應，你控制不來。

雖然，你相信終有一天，他在你記憶踩踏過的凹痕，會被風撫平，然後不再被提起，但是，要去割捨這些難捨的回憶，還是太強人所難。

然而，放過自己與成全對方，像是一正一反的紙張，你們曾用青春寫滿相愛時光的大綱，當面對必然走到的結尾，得要親筆寫下句點的人是你。

P.S.

如果你不試著將手放開，
就沒有多餘的手去擁抱每個不期而遇的未來。

就因為深深愛過，所以不做你的朋友

要怎麼若無其事地去看待，
曾如此深愛的人，卻換了個稱謂，
甚至，還得看著他，與另外一個人相愛？

【心情歌單】
梁文音／分手後不要做朋友
嚴爵／好的事情
王心淩／變成陌生人

那段感情，都過去多久了？

愛也愛過了，痛也痛過了，連該恨的也都打包了，屬於你們的完結篇，應該早已完結。只是，某天跳出他的好友邀請，這簡單的是非題不外乎接受或者拒絕，你卻做不出任何決定。

你到底是記憶力太好，還是創傷過大？好像無論替換過幾個季節，每當他的名字閃過你的回憶，心酸還是免不了的情緒。你總懷疑，他到底有多大的本事，能在歷經分手後的風風雨雨、事過境遷後的冷冷清清，仍在你的時間軸裡不著痕跡地待著。

你看過許多對情侶，在不歡而散以後用另外一種身分延續，成為可以遠遠關心的老朋友、可以一同飲酒作樂、甚至是可以共事的伙伴，或者成為相知相惜的知己。你總是好奇，難道分手的後座力，沒有波及到他們嗎？要怎麼若無其事地去看待，曾如此深愛的人，卻換了個稱謂，甚至，還得看著他，與另外一個人相愛？你做不來，真的做不到。

因為和他在一起的日子裡，你只竭盡所能地去做一件事，那就是好好愛他、呵護好你們的感情。他是你的心跳，除了愛，與他相關的事物沒有任何雜質。所以當他放棄你，等同於粗魯地打翻了所有你小心維護的感情。你的過去、現在與未來，只因他的一個決定，什麼都不算數了。

他使你心碎，扼殺關於「你們」的一切，他是個罪大惡極的兇手。

你花了很多時間向他乞求，然後花了更多時間怨懟。他就像飛鳥，離巢後還有一片自由的藍天，而你只能在廢墟裡從相同的噩夢醒來。你在多少數不清的漫漫長夜哭泣，才連滾帶爬地來到了現在。因他而起的種種傷害，最後卻又與他無關，你只能安慰自己，這是愛錯的代價。

現在，他卻這樣不講理地再次闖入你的人生，像一場下得又快又急的午後陣雨，濕透了你的衣衫，雞皮疙瘩爬滿你的皮膚。你不知道他為何想起你，怎麼還想要打聽你的消息？回想過去，在你最想念他的時候，猶如往深井丟擲硬幣、得不到半點音訊。他久違後的出現，你沒有受寵若驚，只有滿腹懷疑。

在相愛以前，你也當過他的朋友，對你，這並不是什麼陌生的角色。但那時候你們有如兩張白紙，沒有刻劃愛的印記，沒有記載任何傷痛。不若現在，只剩下揉皺的曾經，以及未乾的淚漬。

一旦想起他，就非得要連同悲傷一併打包，這是一個你無法拆解的組合。你是真的好不容易才把他給忘記了，可他卻輕巧地走來，觸發的連鎖效應如同骨牌，逐一推倒你這段時間所做的努力。你心想，還是別連絡了吧。

也許，事情沒有你想得這麼糟，也或許，還有很多的意想不到。但你已經禁不起任何冒險了，關於他。你知道，他就像顆石子，投進水裡勢必激起水花和漣漪，只是這輩子，在他面前，你永遠無法再用靜止的水面，去映照你們共同的畫面。曾經一起迷路過的山谷，既然還有選擇，也就犯不著舊地重遊。

還是別當朋友了吧，你想。這樣的關係，放在你們身上，已經不合時宜了。如果說，還有什麼遺憾，或許就是你們沒能在分開之後，在仍想念彼此的當下邂逅。不過這樣也好，至少你記得，在你們無法坦然相見的時候，有份掛念像蒲公英般，飄逸在你們之間。

P.S.

分手後的好友邀請，就像收到舊情人的結婚喜帖。說不上有什麼錯，但就是很難接受。

【心情歌單】
古巨基／何必打擾
丁噹／猜不透
韋禮安／心醉心碎

你若別來，我便無恙

的確，你望著他背影追趕了好長一段時日，
你終於驚覺，原來不是有他在的方位才稱做前方，
換個方向，也有其他值得前往的座標。

好不容易，真的是好不容易，你才把支離破碎的自己，一點一點地撿了回來、再拼了回去。

分手後的時間之所以緩慢，是因為你曾經不講理地以為，只要任性地賴著不走，就能把時序推回事發當時。把死去的復生、把離去的回首，連被抹去的痕跡也能逐日清晰。你願意等、一直等，哪裡管得著此刻的生活好或不好，只要能夠從頭，只要能夠言歸於好。

曾經，你們在愛裡揮霍時間，不知歲月昂貴。在快看不到他的背影時，你便加速狂奔，顧不得自己狼狽，只怕不這麼做就會後悔。偶爾，你也會感到疲累，幾次就要說服自己放棄、不要打聽他的消息，他和誰要好與你沒有干係。可偏偏，他總是徘徊在你的生命裡，就像沒帶傘時卻下雨、安穩入睡前響起的電話那般令人意外，他想當個執意遠行的浪人，卻又害怕就此被你遺忘。你的意志本來就脆弱不堪，無從承受這樣干擾的頻率，幾次試著掩著耳朵，卻又側耳傾聽，索性縱容自己再一次的機會，而且一次又一次。

你們的關係像是互相纏繞的爬藤植物，沒有終點的攀登，卻也無法停止延伸，無止盡的依賴只會吸取生存的養分，任憑寂寞消費。但你期盼的愛不該是這等模樣，你的堅持彷彿是等了一夜的流星雨，沒許到一個願望，卻染上怎麼也好不了的重感冒。

後來，你從鏡子裡看到自己的樣子，不像是失戀一段時日的姿態，而是壓根沒有一絲進展。

你走著卻也只能算行屍走肉，你醒著卻只是醉生夢死地活。你的人生，不再像過往一樣為他鮮豔，你們的感情已然過期，再多餘的努力仍然會褪色，一切只是畫蛇添足、徒加醜態。

從什麼時候開始，你總算是認清自己的難堪了。失戀後的你，生活是墜落海裡的垂死掙扎，而他就像你身上吸飽水的牛仔褲，成為拉扯著你的負累，不讓你攀上幸福的救生艇。他太瞭解你了，知道你心軟的體質、明白你的不捨，只要他孤單，隨時都可以憑截角兌換你的慰藉。如此，你哪裡也去不了，這世上永遠有個人能一輩子忘不了他。

的確，你望著他背影追趕了好長一段時日，你終於驚覺，原來不是有他在的方位才稱做前方，換個方向，也有其他值得前往的座標。

要戒除長時間以來的癮症是需要緩衝期的，你不能只求他別來誘惑，自己也必須打從骨子裡不要才行。所以，你很想鼓起勇氣對他說：「沒有你，我才能過得好。」你不奢望他能欣然接受，但你已經說完該說的話了。畢竟曾經深愛，卻沒能安然度過那場滂沱大雨，遺憾是有，不捨也在，但你若只是低頭看積水反映出的落寞神情，注定就得錯過雨後的彩虹。

該給的愛你從沒少給過，該留的眷戀也是點滴在心頭，他沒呵護好，你也為此傷心到無可救藥。現在，你只是想要回自己的人生，不多也不少，甚至都別輕舉妄動，只要不再打擾，一切就會安好。

P.S.

分手後的連絡是一本改編小說，寫對了是巨作，寫錯了就只是歹戲拖棚。若沒十足的把握，倒不如把原著最後的句點當結尾，更為雋永。

打包了愛情，留下了回憶

【心情歌單】
五月天／溫柔
何韻詩／出走太平洋
蛋堡／打包

要忘記一個人，本身就是最難忘記的一件事。
因為記憶太過深刻，無法像跑馬燈般快速掠過，
相處過的每一幕都是十六釐米電影，重複投影的，都是化不開的想念。

分手後，只要一通電話、一封訊息，你們就又能連結上了，但是，你必須抑制住自己，不能這樣。

除了困在思念的流沙裡，任何一個與他有關的動作都是逾矩。關心是紛擾，傾訴也會使他煎熬，從前相愛的片刻，全都必須刪除。光是要你習慣這點，肯定又要消費多少黑夜來煩惱。

「面對事實」是你最不想聽到的勸戒，因為你還愛著他，這才是不爭的事實。你多想一切如舊，可以回到當時，連短暫分離都要依依不捨的甜蜜時光，愛得不分你我。那樣轟轟烈烈的過去，對比於他此刻的轉身不只是諷刺，對你更是椎心刺骨，該怎麼才能當成一切從未發生過般。

要忘記一個人，本身就是最難忘記的一件事。因為記憶太過深刻，無法像跑馬燈般快速掠過，相處過的每一幕都是十六釐米電影，重複投影的，都是化不開的想念。

總有很多時刻，像是散了場的電影，你還沉浸在劇情裡，想知道他的近況，想問候他，甚至想要再輕撫他溫熱的臉龐。你沒有惡意，甚至是不經意，只是累積太多如鯁在喉的眷戀，若不說出口，又該怎麼消化吸收。

你要到很久之後才會知道，原來所有的想念都只是因為心軟。你沒忘記他將離開之際，你是如何抵死不從，甚至氣憤、怨懟。可是時序稀釋了傷心的記憶，只留下思念，才會讓你以為再次靠近，就能擁有不一樣的期待。

你們還可以當朋友，說不定還可以相戀，但那都是自欺欺人而投射出的海市蜃樓。你什麼都記得，偏偏就忘了當初分開的理由，而那才正是你們無法再繼續一起走的始作俑者。

兩人走偏了，不會是巧合，你的放不開，卻可能只是撞上寂寞。你想他，或許他也曾想過你，但他沒有聯絡你，就像他當初沒有捨不得離開一樣，那都是一種決定，決定你們已經毫無瓜葛，再也無法重新任何關於愛情的可能。

然而，也會有這麼一天，你怎麼也默背不出他的電話號碼，究竟分開了多久，你已經細數不來。那時候的你將慶幸，當初沒有因為一時衝動，再讓自己糾纏回這段劇終的愛情。你能全身而退，是熬過多少回憶的摧殘才努力保住的自由。

無論你或他，都該再找尋到下一個值得牽手的體溫，犯不著偏要住在已經不屬於自己的心房裡。那裡曾經很適合你，可是現在，已經很久沒有你的氣息，不打擾，也稱得上是你還愛著的證據。

傘收得回來，但愛不能。

如果可以，把彼此的氣味記住就好，把這段成長換成一帖良藥嚥下，別讓過去成為阻礙你望向陽光的烏雲，就讓想念伴隨時間在心頭上鎖。

對你、對他，這樣都好。

P.S.

分手後，能留給彼此的除了記憶，就沒有別的了。即使你們還有訊息及對話，見面也能相視而笑，但你們都不再是彼此曾經的戀人了。

給你的愛，其實一直都在

你愛他，你還愛他，他是你眼前的微光，模糊不清，卻還執意去索求。
然後，你就這麼的關上了燈，沒有抬頭去看，
在你生命中，守護著你、努力發光的星座。

【心情歌單】
徐佳瑩／
懼高症
蘇打綠／
下雨的夜晚
蕭敬騰／
阿飛的小蝴蝶

經歷一場前所未有的愛情浩劫，你被傷透了，卻還按壓著自己的傷口，一邊止血、一邊乞求他別走。

分手當下的痛楚只是起點，在日後開始發炎的是你的想念。每天醒來，你都想再狠狠睡去，逃避總是比面對容易。你明白，當他執意離去，再怎麼拉扯，他也不會附和。可理智怎樣也按捺不住，想他的衝動更加固執，你始終不肯讓他離開你的視線範圍。

你甘願被失戀折磨到不成人形，從前快樂的你也隨之出走。你將自己銬上了枷鎖、封閉了耳朵，任何人的關切對你而言都沒有用。你讓自己困在沒日沒夜的悲傷、聲嘶力竭的吶喊，而你僅有限的聽力只聽得見自己心碎的聲音。

你愛他，你還愛他，他是你眼前的微光，模糊不清，卻還執意去索求。然後，你就這麼的關上了燈，沒有抬頭去看，在你生命中，守護著你、努力發光的星座。

還記得嗎？年輕的時候，友情是你的樂園，很幸運地你拿到門票，結交了許多摯友知己，從此，你有揮之不盡的快樂。和朋友相處的時間，寫滿你一整個青春歲月。你們瘋狂、你們享樂，總有聊不完的話題、沒停止過的關心，看似不夠懂事的義氣將你們綁在一起，誰傷了你，他們一定替你出氣，你喜歡誰，他們總挺你到底。

不容許任何人讓你委屈，這是你們的默契。你們懂得在彼此的低潮期相互擁抱、彼此陪伴，也懂得在困惑的時候為對方提出客觀的建議。你們也會吵架，然後哭著和好；你們質疑過彼此挑選對象的眼光，但不過分干涉。反正無論去哪裡，誰也不會遠離，需要彼此的時候，永遠都是最堅強的後盾。

那你還記得嗎？

還小的時候，親情是你的天空，有父母的呵護，你從不擔心走丟。不小心犯錯，責備是免不了的，但在挨罵過後，還是會有一頓熱騰騰的晚飯，也會有人在你睡著時，替你蓋被怕你著涼。

在你還沒有姓名的時候，他們就在盼著你了。他們見證你的第一口呼吸、第一次睜眼，明白你的純真，勢必得碰撞過幾回，才能適應這紛亂的世界。他們太清楚現實的惡劣，所以用大半輩子的人生，保護著你不讓你受傷。

只是，他們不懂得用你擅長的語言與你對話，漸漸地，你分給他們的耐性少之又少，你開始久久才回家、開始漏接電話，你覺得自己懂事了，他們說的都只是嘮叨。

在你生命中，仍有其他重要的人
在你身後默默陪伴著你，卻從未
告訴你，他們愛你。

然後你受了委屈，強忍著倔強、隱藏著不快，但在電話的另一頭，你才出聲，他們就知道你過得不好。他們因為太瞭解你所以才更擔心，深怕自己疏忽了，你跌倒了，他們卻再也不能像從前一樣，幫你拍去膝蓋上的灰塵，抱著你說「不痛」、「別怕」。

而你，卻追逐著一顆擁有不了、輕碰就破的泡泡，而推開了一個又一個入懷就能安心的擁抱。你為了那從沒放你入心的他，捨棄一份份因你而墜落谷底的愛。你捨不得狠心將你放下的人，卻又怎能捨得小心翼翼捧你在手心，害怕你墜落的人。

或許，他讓你對愛的種種信仰和期許幻滅，可是，在你生命中，仍有其他重要的人在你身後默默陪伴著你，卻從未告訴你，他們愛你。他們真的愛你，幾乎不用任何思考，只要是你，便永遠無條件愛著你。

每當你回頭，他們的愛就在那裡。

P.S.

愛情過於鮮豔，引發視覺暫留的效應，
才會讓你看不見最溫暖的顏色，一直都在你的周圍。

該給的祝福，請留給自己

【心情歌單】
陶晶瑩／我不祝福
楊丞琳／其實我們值得幸福
戴佩妮／街角的祝福

鏡子裡的他，過得還好嗎？
如果你見到他，記得問候他，
給他一個肩膀倚靠，陪他痛哭流涕後，等他破涕為笑。

分手後的日子你過得一點也不好，變得害怕獨處，卻又擅於在人群中發呆。

許多事無法量化，不是分開了多少時日，就能處之泰然。無論那個人給你的是懷抱眷戀與希望的等待，或者被最倚賴的溫柔背叛，最終都是事不關己地任你落單。

其實，愛情的船舶終究會有面臨選擇航道的時候，不是靠岸就是駛離，難有例外。每個人都和你一樣，對未來免不了有心理準備，就像填寫志願，總會有你該去的所在。可惜的是這段感情，你非但無法到達你想要停留的港灣，還要眼睜睜地目送著他的離開，而陪伴他的還是個素昧平生的背影。

寧可不被愛也不想被取代，這是你所有的遺憾裡，代謝不了的不甘。你可以不哭不鬧，也可以安靜面對發生在這場感情裡的不公不義，只是談到「釋懷」，還是太強人所難了。若是過失傷人，你尚且還可以在疼痛裡，感嘆運氣不利，推托給水星逆行。但他明知不可為而為之，明知你將是衝擊最大的受害者，這才叫人心碎，你沒有準備好這種抵抗力來承受這般打擊。

所以你的怨懟，甚至恨意，無縫地密合在有他的回憶裡。原本，他是你最引以為傲的履歷，是他讓你對幸福深信不疑。可是，你們兩人的愛情有三個人的足跡，成了後來他留給你的紀念品。這樣的傷害太過血腥，勢必成為你心上的疤痕，久久難以痊癒。

在他人面前，你向來不喜歡過度關愛的眼神、不想重提愛裡的破事，所以早已習慣收斂自己的情緒，以致於沒人察覺。那段創傷對你來說，仍舊記憶猶新。於是，朋友間無意的言語和關心，就像是爭先恐後想為你拔除傷口上的刀柄，卻忘了這很有可能會造就致命的二次傷害。

有人說，過了這麼久，你早該走出陰影了。有人說，是他不懂得珍惜。還有人說，你應該學會祝福、好聚好散。你只能用誇大的笑聲，壓抑你心裡幾乎就要掙脫而出的歇斯底里。

愛情的道理你明白，別人說的總是容易，卻無法為你設身處地，沒經歷過你遭遇的風雨，才會說來如此雲淡風輕。**不是每種離別都能套用於同一個範本，尤其分手，有幾分痛楚就有多少難以收尾的理由。**

你想說的是，**「祝福」向來是吝嗇的給予。**若不是打從心底、若不是對方匹配得上，場面話說得再多，哪裡還有存在的任何意義，他無福消受這等待遇。你犯不著用虛偽的給予，來裝扮成一個坦然的自己，用虛有、假面的釋懷，來掩飾這場一敗塗地的愛情。

所謂祝福，只能給予你真誠希望他過得更好的人。這個人和太多委屈過招，為傷心不堪其擾，明明那麼好，卻沒獲得應有的回報。這個人沒那麼勇敢，而且脆弱得無可救藥，因為他失去過最重要的東西，所以更需要一個祝福的擁抱。

鏡子裡的他，過得還好嗎？如果你見到他，記得問候他，給他一個肩膀倚靠，陪他痛哭流涕後，等他破涕為笑。

曾經有人放棄了你，現在你放下眷戀，誰也不欠誰了。各自把對方留在昨日，追尋自己的明天，讓該屬於你的幸福，物歸原主。

P.S.

有時候，不是不願祝福對方，

若他連珍惜都還沒學會，怎麼配得上。

第五部／

未來進行式

對的人，對的自己，
終將把你好好愛著。

倘若沒有在屋簷下躲過幾場驟雨，
就沒能看見那一整片雨過天青。
或許幸福並不在他方，
而是，
在未來你準備前往的路上。

久別重逢，那個來不及說再見的他

不曾在黑暗裡狂奔，可能就永遠不知道，
用大半人生追逐的那片星空，是怎麼樣的遼闊。

要再談起「過往」，往往都是很久以後的事了，因為當初沒有人懂得，究竟「分離」存在著什麼意義。

曾經的他，還掛著青春的識別證，不論是出入各處人生的轉折，交錯每次的不期而遇，全都不構成阻礙。在每個生命的段落裡，用不著太多的詞藻來堆砌，「單純」，是他擁有過最清新的淡淡香味。

但這樣的他還是受傷了，就像甜膩的糖果會讓人蛀成一口疼痛。他從沒想過

【心情歌單】
蔡依林／第三人稱
陳奕迅／孤獨患者
張惠妹／一個人的對話

與世無爭的自己，會是這場災難的罪魁禍首。原來，放心地將自己交出去，竟需要等比例地用傷心來拾回被棄置的自己。那是一場突如其來的大雨，一陣不講理的狂風，緊接著一場好不起來的風寒，然後是一夜又一夜的輾轉難眠。於是在他心底，終於和最純真的自己漸行漸遠。

幾次愛得不得志後，他以為弄明白了遊戲規則，對待每一個人，真心半滿即可，謊言是透明的保護色，自私是為了不被迫害的必要之惡。然後，他可以驕傲著，因為從此搶回了控制權，只要不去在意，就沒有人能夠傷得了他，只要他不滿意，隨時都可以恣意地抽離。

起初，他甚是順利，談感情對他而言就像是數位相機，喜歡就拍下，不喜歡就刪除。因此，他看著深愛他的人為他掉淚，也曾聽過詛咒的惡言，但他卻不感到虧欠。在他心裡，很多事情已經可以充耳不聞，不是他心狠，而是他的心已經死過幾回。他用眼淚換來的領悟，就是做壞人要比做好人容易。

直到後來，他愛上了像一個有如底片相機的人。在他的觀景窗裡，每片風景都值得按下快門擷取。於是他很有耐心地等待相片顯影、期待風乾，他更願意用往後的日子與之交換。他幸福了好一陣子，也戒斷了許多壞習慣，那個走失許久的自己，好像就這麼回來了。

可是，最後的結果只是一場絢爛的煙火，僅剩下從天空緩緩掉落的灰燼。他離開了那個他從未想過要離開的人，那不是自願而是噩夢重演，他就像是那些曾被自己拋棄的人，就像那個從前第一次受傷的自己。

他總算懂了，原來這段愛情是一場畢業典禮，不會再有制服、不會再有課堂鐘聲，他自以為是的成長所拿到的文憑，都不足以證明他能夠愛人，或是值得再被愛。到頭來，他還是獨自一人，他要告別的不是青春，而是讓他數度以為能夠幸福的浮光掠影。

他不再相信愛情，或者說，愛情從來沒有給過他安身立命的空間。

他離群索居，不再去找尋幸福的隻字片語，讀不出來也看不懂，就像是個文盲，遺忘他曾經學習過的任何篇章。他的體內產生抗體，他對於信任與幸福的感官神經逐漸退化。

一直這樣過了好久好久，在他的記憶裡的青春逐漸泛黃，他才明白自己荒唐了太多歲月，即便追悔也於事無補。偏執的過去是一面透明的玻璃，阻滯著明明看得見的幸福，卻不得其門而入。他耗盡心力、消磨光陰，而此時此刻的孤寂，原來都是他親手塑造。

後來，他總算明白這些道理了，然後在得過且過的反省之中，好不容易地原諒了自己。他也曾想過放棄，也掙扎地找尋生命中僅存的餘燼，那點對愛的信仰和熱情，即使絕滅也一定有跡可循。他點燃的不是戒菸後的菸頭，而是求救的狼煙，他真的很想要回那個純真的自己，很想乞求再一次領略幸福的機會。

這機會說不上是「重生」，他只是回頭與過去的那個自己重逢。

歷經物換星移的他們都會明白，
儘管有相同的靈魂，
若沒來得及在一開始就選對方向，
便不會成為對的人。

他想告訴他，近來這些時日所經歷過的故事，卻不知從何起頭，只能呆然地相望。歷經物換星移的他們都會明白，儘管有相同的靈魂，若沒來得及在一開始就選對方向，便不會成為對的人。他們都知道，是怎樣的脆弱和悔悟，才造就出這樣的人生。

他心疼未來的他受盡了委屈，而他則向過去的他懺悔沒有照顧好這樣的自己。最終，他們和解了，因為這是他們不能推諉的命運，不曾在黑暗裡狂奔，可能就永遠不知道，用大半人生追逐的那片星空，是怎麼樣的遼闊。

當你某天能用著第三人稱看著這段曾經，也許這正是成長的意義。

P.S. 我們的人生中，一定會有那麼幾段刻骨銘心，
這些不會被時間淡忘，而是形塑成更完整的自己。

【心情歌單】
薛凱琪／Better Me
韋禮安／女孩
任家萱／致分手

傷心的總和，終將成為幸福的可能

我們沒那種福氣，能不受點風寒就在愛裡平步青雲。
然而我們都要有不認輸的勇氣。即使被錯的人對待，被不對的人傷害。
這是控制不來的事，但我們可以在挫折中累積，讓哭過的眼淚結晶。

每經歷一次挫敗的感情，你總是感嘆著這世界好不公平。

過去你從沒想過，有一天，分手竟會變成你的專長。你自認不是愛情高手，年輕的時候也曾做過終結感情的那個，即便你從未刻意想要去傷害誰，但愛情的緣起緣滅總有個誰被定義為壞人。

偏偏「灑脫」不是你做得來的事，所以總是只剩下「內疚」。你在轉身離開後，卻仍頻頻回頭，對方的眼淚讓你輾轉難眠，也好幾次求自己能不能再試一次。但心沒有回音，只能咬著牙、狠下心做出決定。

你這才明白，做壞人，也是需要本事的。

於是你不再貿然縱身，只要心裡有些許的遲疑，你就會停在曖昧的面前，躊躇猶豫著或只是點到為止。你告訴自己，必須要等到那一刻，可以全然確信自己深愛著對方才會緩緩伸手碰觸。你不想再讓哪個無辜的人傷心，所以閒置一些時間也不算可惜。

後來，他出現了，你一直在等的那個人。

你精挑細選了人海中的他，說什麼都要不顧一切去愛。而他給你的回饋，也足以讓你著實地確認，等待是值得的。你很有信心，不用再去怨恨自己過往戀情的半途而廢，而你們的未來，長遠到就算墊起腳尖也看不到盡頭。你才懂得，這就是愛一個人愛到不遺餘力的過程。

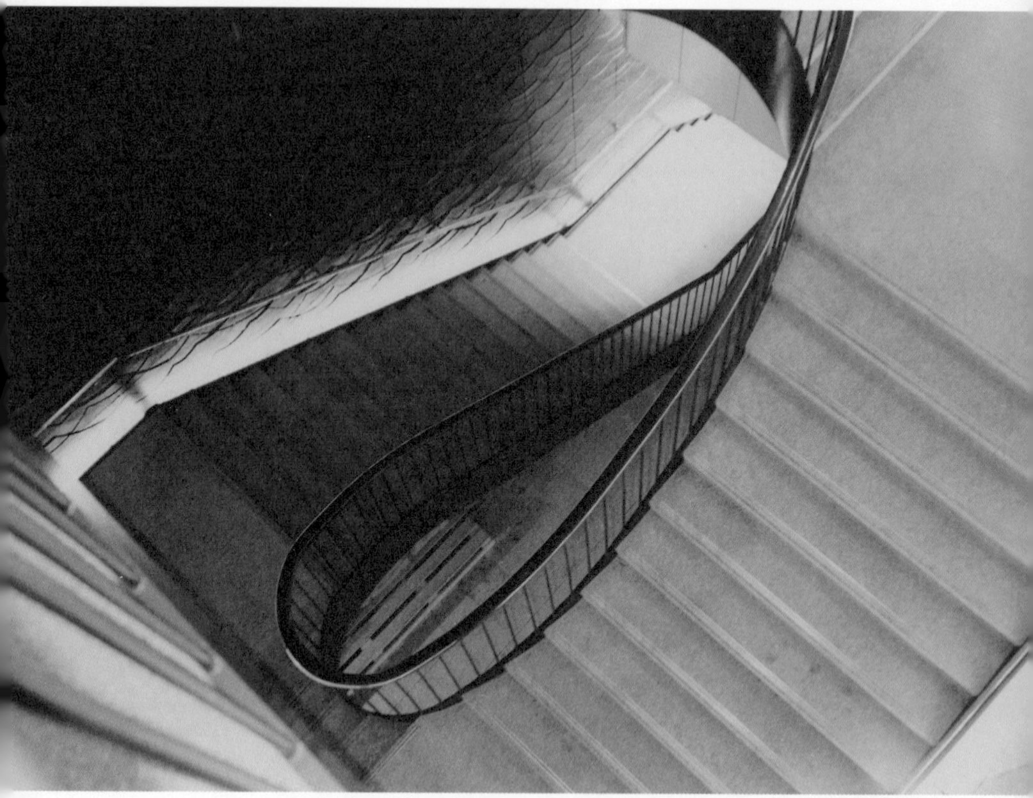

原來，
所有的傷心，
都有它的意義。

可是，他在某個叉路，選擇獨自轉進路口，沒有再見、沒有揮手。

原來被甩開的感覺，就是如此。忽然你想起某個被你留下的情人，他們眼淚的形狀，和此刻掛在你臉上的如出一轍。那時你內疚的痛，根本不及現在的千分之一，如果世上真的有報應，或許這就是了。你不懂，為什麼別人談感情總是可以這麼輕易，而你卻愛也錯、不愛也錯。

在難過了很久之後，你又戀愛、然後失戀，又再戀愛、然後再受挫。就像是一種規律的準則，逃離不了傷心的窠臼。

直到某天，你聯繫上那個你曾經傷害的人，他過得很好，好到已論及婚嫁，而你還是形單影隻。

他不恨你了，他現在的幸福，某種成分來說也是以前的你給的。他說，當時的你糟蹋了他的真心，你根本不懂得愛人；他說，他也是熬過了多少個傷心日子，才學會愛人的道理。他還說，從幾次破碎的愛情裡，他撿拾起不夠好的自己，一片一片黏貼成現在的自己，而他更喜歡當下這樣的自己了。

你才明白，原來，所有的傷心，都有它的意義。

過去，你不懂得這道理，只會在反覆的傷心裡看著彼此從彩色變黑白，然後笑著自己活該，沒有反省、沒有將心態更改。

誰不會失戀？誰的傷心不是痛徹心扉？可是，每段心碎的過程就如同除塵滾輪一般，必然會沾黏塵埃、毛屑，再次撕下便是全新的自己。而這過程，全都取決於那些傷心的代價。

我們沒那種福氣，能不受點風寒就在愛裡平步青雲。然而我們都要有不認輸的勇氣。即使被錯的人對待，被不對的人傷害。這是控制不來的事，但我們可以在挫折中累積，讓哭過的眼淚結晶。

未來，當有一個人走向你，明白你是這樣苦過來的，也知道這好長一段時間你是如何在傷心裡腐朽、又在傷心裡重生，他會緊握你的手，讓你曉得，辛苦過了，幸福終究會來的。

P.S.

傷心讓人成長，成長過程勢必也會包含著傷心，但如果沒有經歷過這些，幸福都不會成立。這是定律，不管你信或不信。

一個人的單獨，不見得孤獨

你瞭解兩個人也有兩個人的好處，所以你會等，
你不害怕等待會有多辛苦，
因為你知道也會有這樣的一個人，也正在等著。

【心情歌單】
莫文蔚／完美孤獨
蕭敬騰／只能想念你
阿桑／葉子

一個人，還是沒有你想像中容易。

說起來，誰不是曾經這樣一個人過來的。只是，曾和他的愛情所調配出來的滋味，當你已品嘗過後，沒有了他什麼便都索然無味。你像是被豢養已久的野生動物，遊盪在那片曾奔馳過的森林，怎麼看怎麼陌生。

然後，就這麼一個人了。每天睜開眼，再也沒有人會和你說「早安」，你在

鏡前撥弄凌亂的頭髮時，也想不起上次為另一個人打扮是什麼時候了。上餐館時，總會不小心點了過剩的食物，就連逛街的時候，也會不經意地瀏覽起他喜歡的花色。你再也不必問誰那場電影要不要一起看、明天要做什麼，因為除了你自己，這都跟別人無關了。

睡前，你要多設定幾個鬧鐘，因為不會再有人叫你起床，也不會再有人，聽你說起一天的近況。畢竟，那都是兩個人的時候才會做的事情了。

你曾如同走失的孩子般慌亂手腳，被傷心追趕、被回憶綁架。可是日復一日，你的生活和心跳卻也跟著洗淨鉛華，像是跳進冰涼的冷水裡，打幾個哆嗦、再調整一下呼吸，你竟也就習慣一個人的溫度了。

於是，「單身」成為了你的身分。

這世界太赤裸了，認識你的人都知道你已經是一個人。他們都理所當然地認為「你是孤單的」，他們都先入為主地認定，你的生活肯定滿布烏雲，卻沒有人真正地問過你：「一個人的日子，好不好？」

他們可能還會竊語談論你分手的過程，或是搶著為你介紹對象，看來都要比你心急許多。幾次下來，你推託不了、也赴約過幾次。其實，也不是不曾出現好的對象，有些人說的話還是會讓你笑得彎腰，但若要論及愛情，他們似乎還是插不上嘴。

你太清楚自己有什麼本事了，要將你的心，託付在喜愛的人身上，這從來就不是問題，可是你還是沒有學好，該怎麼從對方的手上，將自己要回來。你知道，傷口還沒好就不能抓、不能碰水，被寂寞綁票時，也不能強求誰把你贖回。問題終究還是在你身上，只是你不想逞強，或假裝自己應付得了。

你在出雙入對的人群裡仍顯得特立獨行，可是你心裡比誰都還明白，你並沒有對愛服輸。你只是單獨，不見得孤獨。

你不貪圖可以一步登天的幸福，還是區分得出來愛情裡不切實際的程度。你提醒自己，生命裡還有很多種可能，而有些練習要一個人才能夠完成。這些單身的日子，不會只是通往戀愛的過渡期，那是你必經的道路，讓你長成更好的人。

你瞭解兩個人也有兩個人的好處，所以你會靜靜等待。你不害怕等待會有多辛苦，因為你知道，在某一個方向的遠方，也會有這樣的一個人，正在等著。

然後，在未來的某個時刻，你們會遇見彼此，那遠比過去都更好的彼此，讓你們明白這個當下有多麼值得，一同為曾經各自的單獨慶祝。

P.S.

單身不會要了你的命，因為只有兩個單身的人，
才能夠在不遠的將來相依為命。

人事已非，還好你沒有弄丟自己

辛苦了，但這一切都是值得的，
在這人事已非的世界裡，
你會最喜歡這樣的自己。

【心情歌單】
孫燕姿／相信
戴佩妮／你要的愛
梁靜茹／給未來的自己

傷害是一種空氣汙染。我們活著呼吸，就是避免不了傷害。

你知道，自己從前不是現在這個模樣的。年輕時不經世事，要笑就笑得開懷爽朗，要哭就哭得聲嘶力竭，「真心誠意」是你給這世界的唯一應答。

你最常煩惱的是晚餐要吃什麼，最害怕的是誤會，聽到與自己相關的流言蜚語，總會氣到無法入睡。你討厭過於繁複的世界，明白人性最美的是善良，所以偶爾還是會吃虧，但問心無愧。

在愛情裡，你也總是良善的那個，你有的是對愛的熱誠，給得也毫不吝嗇。你想要的感情，簡單的就像單細胞生物，只要有愛、只要有珍惜，就能好好生存。但是，愛過你的人還是善於說大話，把甜言蜜語唱成一首情歌，整首不過短短幾分鐘，你卻珍惜地在心裡單曲循環。

你就是這麼容易取信於愛人，所以當他失信，你仍會在眷戀裡翻滾。在愛裡，你只有緩慢的反射神經，往往都要在很久以後，才會發現患部的傷口讓人痛到無法呼吸。

愛裡缺氧太久的後遺症，如蜻蜓點水般四散成一圈一圈的漣漪，映照在你往後的感情裡。你相信過太多的謊言、擁抱過太多的刺蝟，從皮膚到心臟都扎得你苦不堪言。

傷痕累累的你，就像收容所裡的流浪狗，看著善意的微笑卻只會想起過去的

在迷惘中流浪了許久之後，
你總算明白了，
能夠使你成長的只有自己。

難熬。別人以為你難馴服、不親人群，卻不知道你的心曾被關進寒冷的牢籠。每個人都在變，而你也是，可你著實很討厭這樣的自己。因為你很清楚，這並不是自願的演變，如果可以，你並不想經歷這一切，你很難發自內心說自己沒事。

儘管說著一口流利用語，也都必須在腦袋中來回翻譯愛的念頭，自問：「怎麼做比較好？」「怎麼做才不會受傷？」你無法再順著直覺過活，只能在短時間內列出幾個選項，選出不會受傷的來應對。

後來，你在反覆多愁善感的自己身上找到了弱點。原來，你慣性逃避了好長一段時間，哪裡痛就往另一邊閃躲，還以為這就是人生中的無可奈何。

大家都說「傷害讓人成長」，所以你深信傷害都有存在的意義。談壞了幾場感情，心碎了幾段關係，然後呢？你還是沒有汲取教訓，還是覆轍了一碗又一碗的淚水，惡性循環著你的青春。

直到有天，你發狂似地回憶起那些殘忍情節，有如一記又一記響亮的耳光，在哭得一把鼻涕、一把眼淚之後，你就這麼笑了出來。

原來，「傷害」會以不同的樣貌入侵，像是各種形狀的俄羅斯方塊，堆疊出你的鬱鬱寡歡；然而，這些衝擊的本質相同，你早該看出來的，但是你害怕面對，才沒能搞懂病源、對症下藥。

在迷惘中流浪了許久之後，你總算明白了，能夠使你成長的只有自己。就像學習騎單車，其他外在因素都只是輔助輪，是你抓住了平衡，才會在這麼一次偶然中學會。有時連你都不相信，自己也能如此無畏。

你走失了一段時間，終於找回原來的自己。成長不是染了一場水痘，之後就終生不再復發，它會一再地像流行性感冒，讓你發幾場高燒，直到生成抗體。還好你已經學會勇敢面對，不再做困獸之鬥，而是殺出一條血路、坐看海闊天空。

要能拿得起或放得下，靠的不是蠻力，而是過去的總和、踉蹌的步伐，以及領悟的成長。就像學習吉他，沒有養成手指上的厚繭，哪裡撥得出人生的動人心弦。

幸好，現實的殘酷沒有讓你面目全非，是自身的勇氣才能讓你走到這裡。辛苦了，但這一切都是值得的，在這個人事已非的世界裡，你會最喜歡這樣的自己。

P.S.

勇氣從來就不是一種形式，而是當你願意真正面對自己，即使沒那麼勇敢，但你仍努力地戰勝灰暗，那麼你就能擁有照亮自己的力量。

婚姻和年齡，是不相關的話題

你要的，自始自終都是你能握得住的幸福，不用很盛大，
只要能夠互相照顧，從依賴裡琢磨出契合的角度，
把相依當作給自己的唯一使命，這樣就好。

【心情歌單】
黃小琥／沒那麼簡單
盧凱彤／只要美麗
彭佳慧／走在紅毯那一天

「你都幾歲了？」這是你聽過，最無法反駁，卻又最容易傷到你的話。

小時候，你急著長大；長大了之後，你只求別老得太快。是呀，「都幾歲了。」若要檢視你年輕時給自己的人生清單，你早該走進婚姻、生幾個孩子了。可是，當時說要照顧你一輩子的人離開了，說不結婚的那些朋友也都寄來了喜帖。真的要到長大了，你才會真正明白所謂的世事難料，哪裡是你說「想」就能「要」，說「要」就能「得到」的。

你談過幾場無疾而終的戀愛，也傷心欲絕了幾回，你知道愛情就像個賭注，拿青春和真心換籌碼，但也只能願賭服輸。太年輕的時候，不曉得對你好的人就該珍惜，不愛你的人就別把自己賠進去。結果，來到了被催促結婚的年紀，才驚覺過了大半歲月，配偶欄上還是繳了白卷。

你也是會對自己失望的，不過，並非是因為讓別人著急，而是為何自己用盡全力，卻還是一個人。你沒有愛人的運氣和天分，可是你確實比誰都還要認真。嚮往愛情的你怎麼也搞不清楚，為何只跟「單身」這麼有緣分。每次參加婚禮，你都會不自覺望著紅毯上的新人，甚至看到出神，你不只一次幻想著，某天能接受大家的祝福，讓他們擁抱著你、為你開心慶祝。

然而，屬於你的婚禮還是遙遙無期，年齡卻從沒停止追趕過你。

他們總說你已經到了適婚年紀，你也真的聽到了。但你不懂的是，「適婚」怎麼需要和「年齡」相提並論？怎麼就沒有人問你，現在的你是否幸福？怎麼你事業上的成功沒人關注，怎麼沒人明白你到底有多麼努力？

說到底，婚姻是只屬於你人生的大事，你不懂為何要一再地和他人解釋。

你曾給過自己一個期限，也曾急得一蹋糊塗，每次交往前，總想著能不能與對方共度餘生。所以你患得患失，把很遠的將來也視為當下的煩惱。明明感覺彼此沒那麼合適，卻害怕再錯過，人生就真的要一籌莫展了。

終於，你還是體悟到，「幸福」哪裡是婚姻就可以定義的。你聽過結婚需要衝動，理所當然看到許多衝動過後，就是沒完沒了的殘破。一輩子的幸福，沒用更多的體會去準備，你怎麼對得起往後的自己。你只是資質差了點，你只是還需要些時間。

所以，你不希望再用「年齡」去為婚姻陪襯，你知道兩者並非有絕對的關聯。你還沒有錯過自己最鮮豔的時候，除了結婚，你還有許多的事情要做。當然，這不會只是你還是一個人的藉口。

你仍然期盼有個對的人讓你的人生更加圓滿，但那不會是婚姻的責任。因為你要的，自始自終都是你能握得住的幸福，不用很盛大，只要能夠互相照顧，從依賴裡琢磨出契合的角度，把相依當作給自己的唯一使命，這樣就好。

當那麼一個人出現以前，你得先照顧好自己。年紀大了一點的好處，就是早就學會怎麼和自己相處，也用不著再讓別人擔心。剩下來還有大半輩子，你會等，等到那場屬於幸福的婚禮，等有一雙手，牽起你後，就再也不放開了。

P.S.

只有當婚姻等同幸福時，這婚才能結，這一輩子才能給。無論如何，你都只需要對得起自己。

【心情歌單】
宇宙人／一萬小時
五月天／如煙
林宥嘉／心酸

愛對了是愛情，愛錯了是青春

闔上這本愛的手札，你才會明白，
每一頁都成就了你的青春，
都為你將來的幸福湊成無可取代的範本。

「愛情」就像是學步，不跌跌撞撞個幾回，還真學不會好好走路。

到了現在這個歲數，你也談過幾次的戀愛，擁有如情詩般浪漫的記憶，以及比悲歌更慘痛的過去。你漸漸懂得，真心不是一樁買賣，給了什麼不見得就能換得什麼。各自賒下的情債，不過都是稀鬆平常，但求問心無愧罷了。

將人生倒帶回放，看到當時的自己，你還是不禁會心一笑。曾經，你會因為一場考試考差了，心情低落得寢食難安，可現在早已記不得你的生活和三角函數有什麼關聯。關於你記載在回憶中的愛情也像是死背的考古題，佔滿你大半個青春，即使曾反覆地練習，但如今腦海中早已沒有存留相關記憶，只剩下躺在角落那積滿塵埃的參考書。

一路走來，無疾而終的戀人非友即敵，即便都曾做過相同的夢，清醒後仍恍如隔世。為此，你在日記本裡懷念著也懷恨過，不知道用掉多少支原子筆才作罷。同樣消耗了時間，有些人讓你愛到像光陰飛逝，有些人卻是浪費至極。但，昨日種種是怎樣的形式都已成往事，沒有結局的劇終，不過只是說給自己聽的故事，和你嚮往的愛情僅僅類似。

後來你認識了一個人，聽了他的自我介紹後，你就將他牢記在心了。不是因為你有過目不忘的本領，而是彷彿你很久以前就見過了。他不是鮮豔奪目的彩虹，而是雨過天晴的陽光，溫柔地照進你的心房，你等了很久，終於再次聽見悸動的心跳。

你們都不是那麼完美，像是「同類」，也曾因失敗的感情落過淚。你得到教訓，才汲取出堅強的理由，因而格外珍惜這份久違的感動。

你們相遇然後相愛，這不是實現的生日願望或是聖誕老人放在床邊的禮物，而是你們招惹過青春的跋扈、揮霍了年少歲月的額度，才從每一道傷痕裡撫平而來的領悟。

隨著時間，你總算能不慌不忙地打理好自己，和朋友談論當下的感情也藏不住笑意，再不會歇斯底里地擔心受怕沒人懂你，一路上你學得夠多了，該是收穫的時候了。不再害怕路太長，因為走不到盡頭而急著分手；你只想珍惜將手牽上之後的每一步，這才是愛情中你唯一的欲求。

心境不同，想念也就換了顏色。你想起年輕時候的愛情，就像剛扭開瓶蓋的汽水，熱戀的當下都是滿溢的氣泡，多麼纏綿熱烈。回過頭看走過的青春，那段歲月經過時間的沉積，如今不過只是一杯甜膩的糖水。

或許，成長就是這麼一回事吧。總要經歷過幾場戰役，才得以換來和平，總要在愛錯的殘骸中哭得死去活來，才會在對的時候笑得激昂慷慨。

我們都會犯錯，然後用立可白塗過，等待風乾後，再騰寫上看似對的答案。最後，闔上這本愛的手札，你才會明白，每一頁都成就了你的青春，都為你將來的幸福湊成無可取代的範本。

P.S.

所謂青春的成年禮，是錯愛過的人所贈予，
也讓你在日後領悟，原來你值得的愛真的可以這麼偉大。

單身，只為非誠勿擾

你太明白，兩個人在一起的寂寞遠大於一個人的孤獨，
所以你不主動找了，即使你自信自己眼光向來很好，
但你再也無法確定，誰能將你的愛接牢、誰又會在中途落跑。

一個人，最難的不是擺脫單身，而是，怎麼再重新讓另一個人走進心裡。

與你看似雷同的人從來就沒有少過。在這個茫茫人海，多的是其他單身者也在找尋另一個單身者。若是害怕寂寞，那就相互依偎吧，不去精算感情的刻度。各取所需，也是終結單身的理由。脫離單身有什麼難？這從來就不是什麼問題。

【心情歌單】
劉若英／一輩子的孤單
徐佳瑩／尋人啟事
田馥甄／My Love

戀愛對你來說，不是「能不能」，只有「肯或不肯」。你不想因為羨慕而戀愛，也不想因為寂寞而找伴，你尋尋覓覓的，是一個可以讓你不昧著心就渴望相愛的人。況且，你讓自己的感情空白了這麼一大塊，若沒等來一個讓自己心服口服的對象，都不知道該如何跟自己交代了。

可是，什麼才是你最渴求的感情？自己也說不出所以然。你總是喜歡將「順其自然」當作所有感情問題的標準答案。這樣的你只是在卸責，被動地將單身的自己交付給某個無以預測的未來。錯過了不過是遺憾，可你沒有吃虧，你還是能單身地理所當然。

習慣了一個人，戀愛也就可有可無，空在你身旁的位置，從來就沒有人能夠坐得暖，因為你早已把自己照顧得得心應手。雖然也渴望愛情的濃度，但那濃稠隨著對愛的膽怯也被慢慢稀釋了。你不知道自己有沒有那個本事，談個戀情不會笨手笨腳、會不會被嫌惡？又會不會忽然怕麻煩，而就此認輸？萬一又失戀了，是否會患得患失、心生痛苦，甚至落得一身狼狽？於是，所有顧慮再度排列成安然無恙的你一人。

心跳的頻率，你一直都保留著，偶爾的悸動也是存在的。若是說到了「心動」，你不敢肯定自從上段戀情結束後，是否曾經發生過。

你還是會去約會，還是會去見朋友介紹的對象，你還是能說出誰長得好看、誰的個性不錯，你還沒有喪失愛的本能，更沒有斷過愛的可能，只是沒有人能敲開你心裡的門。

戀愛如果是一種庸人自擾，那麼，單身也許只是一種非誠勿擾。你嘗試過愛情的失敗，聽說太多關於愛的不愉快，你太明白，兩個人在一起的寂寞遠大於一個人的孤獨，所以你不主動找了，即使你自信自己眼光向來很好，因為你再也無法確定，誰能將你的愛接牢、誰又會在中途落跑。

因此，你不想豪賭也不敢交付。面對未來有如天黑後的夜盲症，在視線未恢復前只能選擇卻步。

你不想這樣的自己賭在未知數上，因而將就著「單身」，這是最低風險的投資。

也許時間會讓你淡忘了愛的滋味，也會帶走對愛的膽畏，然後在某個人出現時，重現初戀的感覺。但這一切只是「也許」。

你在等一種頻率的交換，讓你在感受單身寂涼時能給予你取暖。你仍然渴望愛情，渴望奮不顧身的自己，雖然你不知道那個人何時會出現。但是，如果他出現了，也來到你的身邊，你願意為他再勇敢一次。你會告訴他，你等他等了好久好久，但一切都是那麼值得。

P.S.

傷心的來了，討厭的待著，好像終於可以離開了，卻又說不走了，這就是「單身」。

找尋的，不過就是個不愛可惜的理由

【心情歌單】
陳奕迅／愛情轉移
張惠妹／掉了
陶晶瑩／如你一般的人

直到對的人出現，你才會懂得，被你錯過的愛情是對你的教訓，
也是一種鋪陳，等你真正了解怎麼愛、怎麼珍惜的時候，
原該屬於你的幸福就會物歸原主。

關於愛情，我們再也不是初學者。每段戀愛如交錯的光影，能夠擷取到的部分，都只是熱烈的開始、冷卻的結束，就像是一齣齣劇情大致雷同的通俗電影，沒什麼非看不可的理由。

於是，對很多人來說，談感情不再是必須，而像是各取所需的陪伴。在相遇的時間交會，在無法繼續的場景告別。所以，什麼承諾或誓言在必要時可以加油添醋，但能不說就盡量不說，因為戀人就是戀人，還相愛就相愛，不愛

了就換個人遞補，又是戀人一對。

說來殘忍、說來現實，如果你也是如此，那你肯定明白，羅馬不是一天造成的。不相信永恆的人，都是信仰過永遠的人，但過往累加的期待和失望，像是放羊的孩子，粉碎你對於人性的信任，瓦解你信奉真愛存在的可能。

說「不婚」的人，必然見識過婚姻的墳墓；說「不愛」的人，一定談過椎心刺骨的感情；說「一個人也很好」的人，想必經歷或多或少的寂寞紛擾。沒有人知道，那些感情的陰影像是極地的永夜，總以為一覺醒來就是白晝，卻一再落空。

幾次下來，沒有遇上理想的伴侶，才會以為這是無法避免的安排，判定自己喪失了愛的本能，才會錯過了別人口中的「幸福」。

真是這樣嗎？這些後遺症，真的就可以讓人毅然決然，放棄所有追尋幸福的可能嗎？

沒有，其實我們都一樣，不過在找尋一個「錯過可惜、不愛會死」的理由。大家總說「遇上對的人你就會知道了」，但是，在徬徨中的你，始終不曉得什麼樣的人才是這樣發光的存在？

直到有天，你一如既往談了一場平凡無奇的戀愛，從相識、告白、熱戀，接著相處。照這樣的推測，終點可能也在某個不得不告別的地方，等著你們走過來。只是，你始終沒有抵達那個終點線，甚至開始害怕看到盡頭的那天。

你無法控制對他的愛，看不見他的時候想著他，見到的時候只希望時間過得慢點，這樣的日子日復一日，你怎樣也想像不來，萬一有天他不在了，生活該要怎麼繼續。

原來，你不是不能全心全意地愛著，而是那個可以讓你全心全意的人，來得晚了些。你沒有與他人不同，你相信承諾、期望有人陪伴，你並沒有自己想像中這麼氣定神閒，你還是會愛一個人愛到忘了分寸。

他的出現，未必會華麗登場，不會閃閃發亮地告訴你，他是你絕不能錯過的人。他什麼都沒說，也什麼都不用說，你的心會知道。你曾害怕的、擔心的，所有對愛情的先入為主，在他身上全都不管用。因為，直到對的人出現，你才會懂得，被你錯過的愛情是對你的教訓，也是一種鋪陳，等你真正了解怎麼愛、怎麼珍惜的時候，原該屬於你的幸福就會物歸原主。

總會有這樣的一個人，能讓你明白，愛上他不是誰的決定，而是所謂的「命中注定」。

P.S.

愛過幾回後就會醒悟，有些人讓你愛得像是鬼遮眼，有些人則是會讓你後悔太晚睜開雙眼。

等待緣分，不如勇敢成為誰的有緣人

【心情歌單】
陶晶瑩／女人心事
孫燕姿／天使的指紋
韋禮安／在你身邊

兩個對的人要走進彼此的生命，還需要很多的運氣。
但，運氣是留給不放棄的人，而不放棄的前提，
是要你拿出態度和決心為自己的幸福努力。

誰沒有想過，也許彎過那個巷口或是街角的便利商店，你等待很久的那個人，就這樣出現了。

緣分，就像是緊握在手裡的彩票，在還沒對獎前，每分每秒都沉浸著希望，中獎了是運氣，沒中也僅是無緣而已。如同愛情，你也始終抱持著得之我幸、不得我命的意念。

看似豁達地跨步在人生裡毫不強求，但事實上你只是畏懼，害怕一旦在意了，結果卻不如預期，你拿什麼顏面去遮掩那股切期盼愛情的渴望。在多方權衡後，怨懟上天的不公平反倒成為最平緩的台階。

所以關於「緣分」，你向來迷信。你求神問卜、參考星座，招桃花運的方法你如數家珍。飯可以少吃，但命不能少算。孤單的時候，愛情喜劇片、兩性書籍、言情小說在夜裡讓你取暖。你相信所有的不期而遇都有其意義，與人的每個視線交錯、每次擦肩而過，你都會在那片刻去思忖，深怕自己一個疏漏就這樣錯過緣分。

有時你也不免忌妒，你的條件沒有比別人差，但怎麼愛情就是過門不入？為什麼其他人唱著一首接著一首的情歌，而你卻連個音符都遍尋不著？

不過，若捫心自問，要尋找走失的戀情，你是否都備齊了裝備？你是否曾大聲吶喊、是否張貼了尋人啟事？是否曾用心拾回你該擁有愛情的機會？

兩個對的人要走進彼此的生命，還需要很多的運氣。但，運氣是留給不放棄的人，而不放棄的前提，是要你拿出態度和決心為自己的幸福努力。

守株待兔難免遇上狡兔三窟，指日可待的幸福，難保不會只是坐以待斃。從外在到內涵，從相遇的地點到相識的話題，你可以先充實自己、安排橋段，無論怎麼做，都好過一味地交由命運去決定你何去何從。

或許，你也會擔心，當所有的努力都努力過了，最重要的那顆心卻還沒做好準備。但是別擔心，若有那麼一天，當戀愛如此向你接近的時候，你一定會明白。因為心會告訴你，他就是你一直等待著的那個。

不用害怕對的人不來，只要將自己的狀態調整到連你都覺得可愛，那個他就會不請自來。

上天給予的緣分，只要一個不留神，就會有緣盡的時候。然而，自己掙來的良緣，有多少重量、有什麼成分，沒人比你更清楚。這樣的感情就不會只是巧合，而是兩人彼此的真心，不謀而合。

愛情的機率，從來就無法用數字去計算，至於相愛的條件，則是兩人相加的基本公式。如果，你總是在等待有緣人為你成立這條算式，那麼，不妨先問問自己，你是否願意勇敢成為誰的生命中，殷切盼望的有緣人呢？

P.S.

對的人降臨是福氣緣分，錯的人靠近是飛來橫禍。

但你若只是原地站著等，是福是禍就由不得你了。

別哭了，有人在等你

倘若你沒有足夠的勇氣去開啟新頁，
就等同於讓自己被動接受了這悲劇的結局。
公主就此沉沉睡去，等不到王子，也等不到翻轉的幸福。

日以繼夜的眼淚像是一種悼念，關於你們死去的愛情，關於你破碎的心。

他的離開，你早已經算不清楚是第幾天了。起初，他像是寒風般讓你的人生枯朽，而與他堆築的過去，一瞬間也被夷為平地。關於他的念頭，打轉了好長一段時日後，肆虐了你原有的模樣，也掏空了你的心、消瘦了你的人。

朋友們總安慰著你「一切都會過去的」，是這樣沒錯，他的身影都有多久沒

【心情歌單】
劉若英／當愛在靠近
孫燕姿／遇見
棉花糖／陪你到世界的終結

再看見了，他的消息都有多久沒再聽說了，警報似乎就要解除。

偏偏想念總在夜裡翻來覆去，潘朵拉盒子裡裝滿了與他共度的回憶，從縫隙裡傳出再熟悉不過的聲響，那控制不住的意念，讓你多渴望再窺看一眼，你說服自己只要一眼就好。於是再次縱容自己想起他的機會，有如暴風雨後牽引來的西南氣流，回憶是一場下不停的梅雨，你終究還是困在了這裡。

你只能哭，哭著想念、哭著道別，這樣的你還沒學會換氣，就已在眼淚裡溺水。你不知道該如何被拯救，也許是一座荒島、一艘無人救生艇，一切都無所謂了。也許，你不怕自力更生，因為至少這樣就不會有人可以再傷害你。

是呀，你收回自己被「傷害」的機會。因為你無從說服自己，從此是否就能理所當然地獲得真心對待。受創後的陰霾蔓延成天，讓你看不見未來，也逃不開回憶的追趕。

你現在才明白，「傷心」是一層保護罩，至少你曉得眼淚是通往過去的走廊，

無論你相不相信，
肯定有這樣的人守著你，
而他給你的愛只專屬於你，
他不會再對另一個人這麼好了。

讓你不再抱著期待，也避免被二次傷害。

但是，你是失去一段感情沒錯，並不表示你喪失了被愛的權利，或是搞丟了自己。

你可以將自己埋在傷感的地底，鴕鳥式的逃避，可傷心還是在，你並沒有把對未來的希望和想要快樂的自己，從失而復得裡一一討回。

傷痛，總會有撫平的時候。倘若你沒有足夠的勇氣去開啟新頁，就等同於讓自己被動接受了這悲劇的結局。公主就此沉沉睡去，等不到王子，也等不到翻轉的幸福。

沒有人能肯定說出，那個對的人出現的時機。又或者，他早已是你身後默默付出的影子，隨著你沉重而緩慢的步伐，小心翼翼地守候著。

他可能不會張揚、也不刻意討好，他偶爾也會有不中聽的話，但都只是想對你好，而且只對你一個人好。在你看不到的地方，總是處處為你著想。在意你的他很敏感，喜怒哀樂全都取決於你。你接收到他的好，仍遠遠不及他私下為你所做的準備和努力。

他絕不是庸人自擾的傻瓜，而是因為你之於他的重要，已巨大到無以名狀。無論你相不相信，肯定有這樣的人守著你，而他給你的愛只專屬於你，他不會再對另一個人這麼好了。

當你願意褪下傷心的包袱，憐惜自己這段時間以來的辛苦，當你的眼眶不再因為淚水模糊，你會拍拍自己身上的塵埃。一抬頭，你便會見著他臉不紅、氣不喘的，用著你久違卻看過的笑容，告訴你，你讓他久等了，而他不會再讓你受苦了。

往後的人生，請多指教。

P.S.

「時間」會帶走你不需要的愛情。

也許你現在還不懂得，但在未來，你會懷抱著幸福，笑看這個必然的道理。

倘若你沒有足夠的勇氣去開啟新頁，
就等同於讓自己被動接受了這悲劇的結局。
公主就此沉沉睡去，
等不到王子，
也等不到翻轉的幸福。

若有那麼一天，
當戀愛如此向你接近的時候，
你一定會明白。

比起說再見，我們更擅長想念

作　　者 | P's
發 行 人 | 林隆奮 Frank Lin
社　　長 | 蘇國林 Green Su

出版團隊

總 編 輯 | 葉怡慧 Carol Yeh
企劃編輯 | 陳柚均 Eugenia Chen
封面裝幀 | 湯承勳 Albert Cheng-Syun Tang
版面設計 | 譚思敏 Emma Tan
內頁排版 | 林婕瀅 Griin Lin
照片提供 | P's、郭庭宇（夢境放送）

行銷統籌

業務處長 | 吳宗庭 Tim Wu
業務主任 | 蘇倍生 Benson Su
業務專員 | 鍾依娟 Irina Chung
業務秘書 | 陳曉琪 Angel Chen
莊皓雯 Gia Chuang
行銷主任 | 朱韻淑 Vina Ju

發行公司 | 精誠資訊股份有限公司　悅知文化
105台北市松山區復興北路99號12樓
訂購專線 | (02) 2719-8811
訂購傳真 | (02) 2719-7980
專屬網址 | http://www.delightpress.com.tw
悅知客服 | cs@delightpress.com.tw
ISBN：978-986-510-013-1
建議售價 | 新台幣300元
二版一刷 | 2019年07月

國家圖書館出版品預行編目資料

比起說再見,我們更擅長想念／P's著. -- 二版.
-- 臺北市 : 精誠資訊，2019.07
面；　公分
ISBN 978-986-510-013-1（平裝）
1.戀愛　2.兩性關係

544.37　　108010328

建議分類 | 心理勵志

讀者回函

《比起說再見，我們更擅長想念》

感謝您購買本書。為提供更好的服務，請撥冗回答下列問題，以做為我們日後改善的依據。
請將回函寄回台北市復興北路99號12樓（免貼郵票），悅知文化感謝您的支持與愛護！

姓名：________________ 性別：□男 □女 年齡：______歲

聯絡電話：(日)________________ (夜)________________

Email：________________

通訊地址：□□□-□□ ________________

學歷：□國中以下 □高中 □專科 □大學 □研究所 □研究所以上

職稱：□學生 □家管 □自由工作者 □一般職員 □中高階主管 □經營者 □其他________

平均每月購買幾本書：□4本以下 □4~10本 □10本~20本 □20本以上

- **您喜歡的閱讀類別？(可複選)**

  □文學小說 □心靈勵志 □行銷商管 □藝術設計 □生活風格 □旅遊 □食譜 □其他________

- **請問您如何獲得閱讀資訊？(可複選)**

  □悅知官網、社群、電子報 □書店文宣 □他人介紹 □團購管道

  媒體：□網路 □報紙 □雜誌 □廣播 □電視 □其他________

- **請問您在何處購買本書？**

  實體書店：□誠品 □金石堂 □紀伊國屋 □其他________

  網路書店：□博客來 □金石堂 □誠品 □PCHome □讀冊 □其他________

- **購買本書的主要原因是？(單選)**

  □工作或生活所需 □主題吸引 □親友推薦 □書封精美 □喜歡悅知 □喜歡作者 □行銷活動

  □有折扣______折 □媒體推薦________

- **您覺得本書的品質及內容如何？**

  內容：□很好 □普通 □待加強 原因：________

  印刷：□很好 □普通 □待加強 原因：________

  價格：□偏高 □普通 □偏低 原因：________

- **請問您認識悅知文化嗎？(可複選)**

  □第一次接觸 □購買過悅知其他書籍 □已加入悅知網站會員www.delightpress.com.tw □有訂閱悅知電子報

- **請問您是否瀏覽過悅知文化網站？** □是 □否

- **您願意收到我們發送的電子報，以得到更多書訊及優惠嗎？** □願意 □不願意

- **請問您對本書的綜合建議：**________

- **希望我們出版什麼類型的書：**________

廣告回信
平信、免貼郵票
台灣北區郵政管理局登記證
台北廣字第1531號

SYSTEX making it happen 精誠資訊 | dp 悅知文化 Delight Press

精誠公司悅知文化　收

105 台北市復興北路99號12樓

（請沿此虛線對折寄回）

有些想念，不是想念，
而是從未忘卻，從未告別。

dp 悅知文化 Delight Press